民族传统体育发展与实践研究

杜宇峰 著

中国书籍出版社
China Book Press

图书在版编目（CIP）数据

民族传统体育发展与实践研究 / 杜宇峰著 . -- 北京：中国书籍出版社，2022.7

ISBN 978-7-5068-9124-0

Ⅰ.①民… Ⅱ.①杜… Ⅲ.①民族形式体育—研究—中国 Ⅳ.① G852.9

中国版本图书馆 CIP 数据核字（2022）第 147288 号

民族传统体育发展与实践研究

杜宇峰　著

责任编辑	吴化强
装帧设计	李文文
责任印制	孙马飞　马　芝
出版发行	中国书籍出版社
地　　址	北京市丰台区三路居路 97 号（邮编：100073）
电　　话	（010）52257143（总编室）（010）52257140（发行部）
电子邮箱	eo@chinabp.com.cn
经　　销	全国新华书店
印　　刷	天津和萱印刷有限公司
开　　本	710 毫米 ×1000 毫米　1/16
字　　数	213 千字
印　　张	12
版　　次	2023 年 3 月第 1 版
印　　次	2023 年 5 月第 2 次印刷
书　　号	ISBN 978-7-5068-9124-0
定　　价	78.00 元

版权所有　翻印必究

前　言

体育是随着人类社会的进步而产生的，在我国5000多年的历史进程中，我国民族传统体育产生、发展、完善，又随着生产力的不断进步而不断变革、创新。到今天已经发展成为具有丰富功能的中国传统文化瑰宝，不但具有健身功能、养生功能，还有娱乐功能等。与此同时，随着我国对外交流的日益频繁，我国民族传统体育已走向世界，并且被世界人民所接受和认可，已然成为世界人民共同的宝贵财富。

我国传统民族体育项目众多，近年来，越来越多的项目被人们熟知和推广普及。许多适合高校教学的民族传统体育项目已经被纳入高校体育课程中，民族传统体育与高校体育教育呈现出融合的态势。在世界范围内，我国民族传统体育也得到了大力推广，比如武术等一些传统项目已走向了世界，并且广受世界人民欢迎。然而，我国民族众多，民族传统的体育项目更是数不胜数，所以从总体上看，还有很大一部分民族传统体育尚未得到发掘，而一些已经发掘出来的民族传统体育项目还未得到大范围的推广与普及。另外，在民族传统体育的理论研究方面，更是缺乏整体性、深层次的研究。鉴于此，本书紧紧围绕民族传统体育的发展与实践展开论述，以期更好地促进我国民族传统体育的发展。

本书一共五章内容，第一章为民族传统体育概述，主要从四个方面进行了论述，分别是民族传统体育的起源和发展历程、民族传统体育的内容与分类、民族传统体育的特点及价值、民族传统体育的功能与发展模式。第二章为民族传统体育文化的探索，主要讲述了四个方面的内容，依次是民族传统体育文化的内涵、民族传统体育文化的本源分析、民族传统体育文化发展困境、民族传统体育文化的发展路径探索。第三章为民族传统体育教学理论知识，主要包括三个方面的内容，分别为民族传统体育与高校体育融合、民族传统体育教学的原则与组织管理、民族传统体育教学方法与教学体系。第四章为民族传统体育活动教学实践，主要通过四个方面进行论述，依次是民族传统体育搏击竞技活动、民族传统体育球类健身活动、民族传统体育娱乐休闲活动、民族传统体育养生保健活动。第五章为民族传统体育的创新发展与展望，主要通过三个方面进行介绍，分别是民族传统体育与各地旅游资源的创新融合、新媒体时代民族传统体育传承创新、民族传统体育的规范化建设与未来展望。

在撰写本书的过程中，作者得到了许多专家学者的帮助和指导，参考了大量的学术文献，在此表示真诚的感谢！本书内容系统全面，论述条理清晰、深入浅出。由于作者水平有限，书中难免会有疏漏之处，希望广大同行及时指正。

作者

2022 年 4 月

目 录

第一章 民族传统体育概述……………………………………………………………1
  第一节 民族传统体育的起源和发展历程……………………………………1
  第二节 民族传统体育的内容与分类…………………………………………14
  第三节 民族传统体育的特点及价值…………………………………………31
  第四节 民族传统体育的功能与发展模式……………………………………40

第二章 民族传统体育文化的探索……………………………………………………48
  第一节 民族传统体育文化的内涵……………………………………………48
  第二节 民族传统体育文化的本源分析………………………………………55
  第三节 民族传统体育文化发展困境…………………………………………63
  第四节 民族传统体育文化的发展路径探索…………………………………70

第三章 民族传统体育教学理论知识…………………………………………………79
  第一节 民族传统体育与高校体育融合………………………………………79
  第二节 民族传统体育教学的原则与组织管理………………………………88
  第三节 民族传统体育教学方法与教学体系…………………………………94

第四章 民族传统体育活动教学实践…………………………………………………105
  第一节 民族传统体育搏击竞技活动…………………………………………105
  第二节 民族传统体育球类健身活动…………………………………………125
  第三节 民族传统体育娱乐休闲活动…………………………………………133
  第四节 民族传统体育养生保健活动…………………………………………146

第五章 民族传统体育的创新发展与展望·········163
　第一节 民族传统体育与各地旅游资源的创新融合·········163
　第二节 新媒体时代民族传统体育传承创新·········172
　第三节 民族传统体育的规范化建设与未来展望·········178

参考文献·········183

第一章 民族传统体育概述

本章为民族传统体育概述，主要从四个方面进行了论述，分别是民族传统体育的起源和发展历程、民族传统体育的内容与分类、民族传统体育的特点及价值、民族传统体育的功能与发展模式。

第一节 民族传统体育的起源和发展历程

一、民族传统体育的起源

（一）种族繁衍

纵观人类发展史，人类的繁衍推动了社会的发展，也推动人类历史的发展，因此人类的发展离不开种族繁衍，而种族繁衍也是人类传承的大事。在我国古代，一些民族为了达到氏族外婚配的目的，在一些比较闭塞的少数民族族群中，会举行一些男女集体交往和求爱的活动，以达到种族繁衍的目的。值得注意的是，在择偶方面，对于女子来说，男子的身体状况和劳动能力非常重要，因此往往会举办一些体育竞技来让男子们展示自己的智慧和力量，从而吸引女子的注意。这也是少数民族中民族传统体育产生的推动力。回顾少数民族传统体育发展历史，我们可以发现，很多少数民族的民族传统体育项目都与男女社交有关，甚至有很多专门为男女交往而设置的活动，比如，壮族的"抛绣球"，维吾尔族和哈萨克族的"姑娘追"，苗族的"跳月"等。又如广西地区的一些少数民族中流传一种传统体育项目"射弩"，在古代的时候，"射弩"一方面是用来传信和防身，另一方面也作为男女之间表达爱意的信物。

（二）生产活动

人类一切文明都起源于生产劳动，所以，生产劳动也是促进传统体育活动萌芽的重要因素，在历史的演进过程中，劳动与实践对体育的产生起到决定性的作用。在原始社会，人们最基本的要求便是足够的食物，以及防寒保暖的衣物，而当时人类并没有掌握种植技术与纺织技术，只能通过狩猎的方式获得肉类与皮毛，在漫长的狩猎实践中，原始人类逐渐摸索出更具效率的手段，即按照一定的步骤，一定的动作，并且运用一定的工具，这时，石器开始映入人类的眼帘。在日积月累的投掷动作中，人们开始形成一套相应的"技术"。

例如，人们常用藤条绑住石球的飞石索、投掷器、匕首等工具进行狩猎，这些工具使用技巧成为当时人们日常生活训练的重点，为脱离劳动后进行相关体育运动打下坚实的基础。例如，我国于1974年曾发现山西许家窑文化遗址，该处是旧石器文化的标志。考古工作人员从中挖掘出数以万计的石器，其中有1500多枚石球，这些石球是许家窑古人类用于狩猎的投掷武器。

后来，伴随人们生产能力的提高与生产方式的改进，刀、剑、弓箭等武器广泛生产，石球便很少使用，至此，石球开始逐渐具有娱乐的作用。例如，西安半坡遗址中有三个石球被放置在一个三四岁小孩的墓葬之中，距今约有7000年的历史，可见，在当时石球已经开始具有体育游戏的特征。

此外，蒙古族的布鲁最早也是用来射杀各种猎物的武器，布鲁能够使被其击中的动物的皮毛得以完好保存。为了更精准地击杀猎物，原始的蒙古人经常进行布鲁技巧的训练，久而久之，便形成现在的投掷体育。又有彝族的打火药枪、普米族的划猪槽船、土族的武术、鄂伦春族的皮爬犁、门巴族的狩猎等，这些体育活动均源于原始的生产劳动。可见，不同民族的不同生产方式和生存手段，造就各种熟练的生产生活技能，经过长期演变，成为延续至今的民族传统体育。

（三）原始战争

原始战争也是民族传统体育得以产生的重要前提。随着社会发展，原始社会进入氏族公社阶段后期，我国已经存在华夏、东夷、南蛮、北狄、西戎五大民族集团，各民族为了争夺外部活动空间，彼此间便爆发各种各样的战争。

在战争频发的时代特性下，原始的带有战争色彩的活动就成为原始社会人们生活的重要部分。不同部落为了保卫自己的领地，或者为了取得更广阔生存空间，意识到身体素质、力量、战斗手段等方面的重要性，于是开始刻意进行相关的"训练"，并把生产劳动实践过程中产生的狩猎用具加以发展，形成更有利于格斗、刺杀的武器，可以说，器械与格斗术是原始战争中最重要的一个环节，人们通过不断地总结与创新，逐渐形成各自的武术体系、战斗方式。

另外，我国"武舞"也可溯源到这一时期，例如，广西花山岩画遗址就有手持大刀和短剑的部落首领形象的岩画，在这一首领周围还刻画有正在为了庆祝战争胜利而跳舞的人物，据考证，这些舞蹈就是后世"武舞"的雏形。可见，由于原始战争的需要，由于部落生存并扩张的需要，人们大力研发各种用于战争的专门武器，这些武器逐渐为传统体育的产生提供可能。

（四）宗教信仰

原始人类由于知识量有限，虽然在原始社会后期已经有了一定的生产力发展，但是仍然对大自然认识不足，他们不能理解自然现象和客观规律之间的关系，常对巨大的事物与自然灾害充满恐惧，幻想自然界存在一种或多种不为人知的巨大力量，他们把自身无法解释的现象当作万物有灵，在这种原始观念的指导下，他们逐渐产生了自然崇拜、图腾崇拜、祖先崇拜、原始巫术等神秘的宗教信仰与宗教仪式。

图腾崇拜是早期人类普遍的重要信仰之一，不同地理环境下的民族有不同的图腾，例如，蒙古人的图腾为狼和鹿，苗族人的图腾是盘瓠，贵州西部的苗族人图腾为鸟，汉族人的图腾为龙，长江以南的古越族图腾同样为龙，他们自称"龙子"，还进行龙舟竞渡的活动，而龙舟现在是我国重要的传统体育项目。可见，宗教信仰对民族传统体育的产生影响颇深。

二、民族传统体育的发展历程

可以说民族传统体育是随着人们的生产劳动，以及生产力的发展而发展起来的。早在我国的原始时代，就已经产生了民族传统体育的雏形。随着时间的推移，夏朝建立后，民族传统体育发生了历史性的巨变，即从萌芽进入繁荣发展的阶段。在古代，人们的生产生活以及战争的影响，使得武术、骑马、射箭等一直是民族传统体育的重点。另外，还有一些娱乐性的传统体育。民族传统体育的演化之路就是在这样的背景和影响下不断被推进的。

（一）民族传统体育的形成期

夏朝是我国史书上记载的第一个世袭制的朝代，夏朝的建立不仅标志着我国中原地区部落制度的结束、国家状态的出现，还标志着我国结束了氏族部落，开始了民族的发展。随后的两千多年里，经过夏、商、周、春秋、战国，各个氏族部落的差异逐渐变小，并逐渐凝聚，最终使得汉族确立。汉族确立后不断发展壮大，逐渐地成为我国当时乃至现在都是人数最多的民族。在当时，虽然中原地区早已进入阶级社会，但是我国很多少数民族还是处于部落联盟的氏族公社阶段，相较于中原地区，生产力和经济发展落后。然而，社会文明的进步直接决定了传统体育的形成和发展，因此，在这个时期，少数民族的传统体育发展缓慢。

1. 战争的演进推动了民族传统体育的形成

在我国中原地区进入阶级社会以后，随着生产力和经济的发展，人们开始为争取地盘、猎物，甚至是王位继承权，而不断发起纷争。另外，在当时汉民族和四方的少数民族之间的战火也不断，北方民族为游牧民族，经济文化与汉族不同，再加上他们有意南移，想要侵占中原地区，因此当时的矛盾比较多。在战国的时候，奴隶起义、新兴地主阶级与奴隶主贵族之间的阶级矛盾日益尖锐，呈现了诸侯争霸的形势。

这个时期，战争的规模和作战方式不断发生变化。从夏朝到战国时期，战争中的主要武器是弓箭。因此，骑马、射箭等始终是当时主要的军事技艺。从而，人们之间的射箭技艺的传授，以及射箭训练等在当时也是一项相当重要的活动。神话故事"后羿射日"讲述的就是夏代的后羿，虽然是神化后的形象，但是可以看出，在夏代，人们擅长骑射。

到了西周的时候，射箭这一军事技艺的地位更加特殊，也更加受到人们的推崇，发展迅速。在西周，射箭已然成为西周成年男子必备的技能，不仅如此，射箭也被赋予了新的性质，即敬德尊礼的性质，不仅可以用于对人们进行道德教育，还可以作为维护奴隶主阶级等级名分的手段。

到了春秋战国时代，诸侯争霸，战争频繁，射程远、杀伤力强的弩箭应战争的需要而生。

除了汉族的民族传统体育项目发展，在这段时期，少数民族地域也发生了一些变化。我国北方的少数民族大都以狩猎为主，射箭除了作为战场上的武器外，还是人们猎取食物和防御野兽的工具。因此，在当时的少数民族中，少数民族人们的骑射技术也很精湛，与汉族的骑射相比也毫不逊色，另外弓箭的制造技艺也很精良。少数民族不同于汉民族的城池定居生活，他们一般都是游牧民族，随水草而居，当水草肥美的时候，他们尚能安居乐业，一旦草枯水竭之时就会骑马南下掠夺，因为这些游牧民族善骑射，因此每当遭受到他们的劫掠，汉族地区的人们都苦不堪言。但是中原地区还是以车战为主，根本无法抵挡快如飓风的骑射民族。因此，对于汉族来说，建立一支善骑射的骑兵部队迫在眉睫。战国时期的赵武灵王就在总结经验的基础上，率先建立起了第一支骑兵部队，不久之后"胡服骑射"蔚然成风，推动了骑马、射箭这两项军事技能在汉族地区的发展。

2. 文化的进步促进了民族传统体育的形成

奴隶制时代开启了中国古代文化的创建和发展之路。文字的出现与发展，不仅促进了人类思维的发展，同时也为教育的发展开创了条件。生产力和经济的不断发展，使得社会分工越来越细，社会对人才的需求也发生了变化，不再是文武兼备，而是"术有专攻"。到了春秋战国时期，更是出现了"百家争鸣"的盛况。这些变化都推进了我国民族传统体育的发展。

（1）古代教育中包含的民族传统体育

回顾人类社会，在最初的时候，教育只是人们之间进行简单的关于生产技能和自卫能力的传授，并没有专门从事教育的人员。自从奴隶制社会的建立，出现了专门从事教育的人员，以及专门进行教育的场所。在商朝的时候，就已经出现了学校的雏形，在当时称为"庠"或"序"，主要对人们进行文武教育。但实际上，教学内容更加偏重于武，而"习射"更加重于"习武"。

到了西周时期，学校教育的内容更加丰富，以礼、乐、射、御、书、数为基本内容的"六艺"教学体系就是在这个时期建立的。不难看出，在"六艺"中，就有两项与体育相关，即射、御。

随着时间的推移，到了春秋战国时代，这个时期诸侯争霸，战火不断，因此这时学校教育的内容中有关体育的内容大大增加。

（2）文武分途对民族传统体育的影响

在商朝和西周时代，人们崇尚"武士"。在当时，"武士"的地位很高，属于贵族阶级，可以占有土地和农奴。这些"武士"就是受到"六艺"教学体系的培养，"六艺"教育培养文武兼备的人才，但实际上还是以武为主。渐渐地，随着社会分工的发展，对人才提出了新的要求，"复合型"人才已经不能满足社会需求，对于专门性人才的需求缺口越来越大，因此人们便开始根据自己的特长和爱好，选择"习文"或者"习武"。至此，"文武分途"开始实行。经过"文武分途"的不断推广，一部分人更加专注于"武"，也使得一些有关武术的理论不断产生，对武术技艺的发展和提高起了巨大的推动作用。由此可见，"文武分途"不仅是历史的必然，也是社会进步的表现，还在很大程度上促进了民族传统体育的发展。

（3）学术繁荣为民族传统体育理论奠定了基础

随着社会的进一步发展，到了春秋战国时期，出现了"百家争鸣"的繁荣局面，人们的思想得到解放，在这个时期，不仅我国学术文化得到了空前发展，我国的体育思想也开始形成。

春秋战国时代，哲学思想得到了发展，主要表现在对宗教中崇尚的"天"和"神"的否定，由重神轻民转变成重人贵生。这个时期，老子和孔子等从不同的思想体系中对这一哲学观念做出了表述。

《老子》提出了"道"作为超越时空的本体，粉碎了"天""上帝"等神秘宗教的传统。《道德经》所提出的朴素辩证法思想中的养生思想、武术思想等都是中国民族传统体育思想的来源。后来人们提出的武术理论中对武术本体的认识论，以及武术技击的方法论等，都与道家哲学密切相关。

中国古代体育也受到了孔子"仁学"思想的影响。纵观儒家有关"礼治"的文献，我们能找到许多关于古代体育的社会效能的论述。举个例子来说，荀子的"人定胜天"及"动以养生"，是古代体育思想中对运动作用的正确认识；先秦的阴阳、五行学说，是朴素的辩证法和唯物论，也是构成中国古代体育思想的重要因素。同时，也奠定了中国传统体育理论发展的基础。

3. 经济的发展为娱乐性传统体育活动创造了条件

奴隶社会的建立是社会发展的必然产物，是顺应社会生产力发展而产生的，反过来，必然在一定程度上促进生产力的发展。在进入奴隶社会之后，社会的发展催生了生产工具的改善和社会制度的革新，从而使社会生产力不断得到提高，促进了经济的繁荣。随之而来的就是一些娱乐活动的繁荣发展，在这样的背景下，龙舟竞渡、举重、飞鸢等娱乐性体育活动备受人们推崇，这些传统体育活动在当时不仅受到上层统治阶级的喜爱，同时也受到广大人民群众的欢迎。因此普及非常广泛。

（二）民族传统体育的兴盛期

秦汉时期。秦朝灭六国，结束了几百年的诸侯纷争，实现国家统一，社会开始进入稳步发展的阶段，秦始皇加强中央集权，废除分封制，改行郡县制，南征百越、北击匈奴、开发北疆、开拓西南，并加强华夏民族为主的多民族文化交流活动。汉朝仍然如此，继续推行统一的政策，注重民族交往，注重各民族体育的融合与发展，例如当时蒙古的摔跤运动，被人们称为"角抵""争跤"，在汉朝各个民族均有赛事，并制定相应规则。汉武帝早期，为了打击匈奴势力，收复河西走廊，注重武术，注重学习匈奴的骑射之术，尤其是战马的培育，后来，随着政权逐步稳定，国家呈现重文轻武的倾向，武有所衰退，而棋类活动受到追捧，开始进入较快的发展阶段。

魏晋南北朝时期。这是中国历史上政权更迭最频繁的时期，主要分为三国（曹魏、蜀汉、东吴）、西晋、东晋和南北朝时期，在此360余年间（公元220年—公元589年），共有30余个大小王朝交替兴灭。在这种背景下，中原地区出现一大批文人士子，他们关注虚无的诗词文学之美，注重个人的享乐，注重保全性命于乱世。他们提出了一些崭新的概念和理论，如风骨、风韵、形象，以及言意关系、形神关系等，并且形成了重意象、重风骨、重气韵的审美思想，尚武精神成为过眼云烟。但是，由于南北朝时期少数民族开始入住中原，他们带来的民族传统体育发生激烈"碰撞"与"交融"，传统体育仍然取得数量上的显著增加。

隋唐时期。国力强盛，政治昌明，文化生活十分繁荣。民族传统体育迎来史上发展的最高峰，并且与世界其他国家建立起普遍的联系，在我国文化对外交流史上也有重要意义。首先，唐朝重视武术，出台"武举制"，该制度开设于武则天时期，公元702年，由兵部主持武举考试，考试科目有马射、步射、平射、马枪、负重、摔跤等。武举偏重于技勇，重点是马上枪法，虽然当时整个制度还不够完备，但是带动了人们对于人才标准在观念上的改变，上至统治阶层，下至平民百姓，练武之风极大兴盛。其次，很多休闲娱乐类的体育项目也在社会中普及开来，例如杜甫《清明二首》有"万里秋千习俗同"，这是说当时社会人们荡秋千的情景，李白《古风一百四十年》有"斗鸡金宫里，蹴鞠瑶台边"，王维《寒食城东即事》有"蹴鞠屡过飞鸟上，秋千竞出垂杨里"，以上诗句均体现出唐朝休闲娱乐体育项目的普遍性。最后，隋唐强大的国力与开放的外交政策也促进民族传统体育向外传播，据记载，鼎盛时期的大唐交往国家达四十多个，唐朝的投壶、击鞠、围棋，包括上述的蹴鞠都传到过朝鲜、日本等国。

总的来看，从夏朝到唐朝，民族传统体育经历从简到繁、从少到多的发展历程，不仅是体育的逐渐发展，更是国家逐渐强盛，逐渐具有影响力的体现，在此期间，体育项目吸收了我国传统思想，获得稳固的理论根基，又反过来促进中国政治、军事、哲学多领域的发展。

（三）民族传统体育的完善期

从宋朝一直到19世纪中叶的清朝，民族传统体育项目开始形成比较系统的体系，因此这段时期可以说是民族传统体育的完善期。

我国宋朝时期，拥有灿烂的诗词文化，是我国诗词文化发展的鼎盛时期，但是国力比较弱，没有强盛的军事实力。经常被少数民族入侵。由于地理位置的原因，北方的少数民族以骑射、打猎为生，因此极善骑射。这一点在一些少数民族的活动中可以发现，举个例子来说，契丹民族建立的辽国在每年的三月三举行"射兔节"，这里说的"兔"不是真实的兔子，而是用木头雕刻的，在节日里，举行"射兔"比赛，先射中兔子一方为胜，输的一方要跪着向赢的一方敬酒。又如蒙古的那达慕大会，包括骑马、射箭、摔跤三项内容。

在元朝时期，蒙古族处于统治地位，朝廷为了巩固自己的地位，禁止人们习武，对于体育运动也强烈抑制，因此在这一时期，民族传统体育的发展是在暗地进行的，中国民族传统体育发展也受到一定程度的限制。

经历了元朝的压制，中国民族传统体育在明朝的时候得到快速发展。这得益于明朝统治阶级比较科学的人才观。他们认识到单纯的"文治"或者"武治"都无法使国家真正强大，而是需要文武结合。因此，明太祖十分重视文武全才的培养。这一点在当时的人才选拔上有所体现，既注重儒学治国，也强调武将培养。

这与元朝压制人们习武的政策形成鲜明对比,中国民族传统武术开始重新焕发生机。可以说明朝的这种文武结合的治国思想对传统武术的发展起了极大的推动作用。具体来讲,主要表现在以下方面:第一,武术的数量和内容增多,出现了十八般武艺。第二,武术门派增多,每个门派都有各自独特的拳法或者拿手的武器。至今仍然享誉盛名的包括少林、武当等门派,在拳法上开始分为外家拳和内家拳。其中,外家拳来源于少林,特点是出拳有力、迅速。内家拳则来自张三丰,特点是以柔克刚、后发制人,并且其中蕴含着深厚的功法。第三,开始设置武学,并举办相应的考试,选拔武学方面的优秀人才。公元1339年武学初设,《续文献通考》有:"寻命都司、卫所应袭子弟年十岁以上者,提学官选送武学。"由此看来,当时的学生一般都是军队年轻的军官或者出身武官家族,因此学生基本都有武艺基础。另外,当时的武学考试是十分严格的。第四,在明朝的时候,中日交流频繁,使得中日武术的交流也达到了高峰,日本的文化发展深受中国传统文化的影响,当然,中国武术对日本的空手道也产生了深远的影响。

在清朝的时候,武术原则继续沿用了明朝的相关规定。在1644年,清军入关。也是在这一年,清政府颁布了举行"武举"的政令。虽然清朝与明朝一样,采用同样的武术原则。但是有一些不同之处,具体来讲:第一,在清朝虽然也提倡"武举",但是与明朝相比更加注重弓马武艺,这在当时使得利用弓马技艺选拔军事人才的标准盛行。第二,对于武举的考试,有了更加细微的分界,主要分为童试、乡试、会试、殿试四级。第三,在内场考试的时候,考试内容分为"策""论","策"相当于做一道问答题,"论"就是根据所处题目,写一篇议论文。因为内场考试相当于文化课考试,对于考武举的考生来说难度比较大,因此考试内容有屡次调整,主要经历三次调整:顺治时,规定内场考试的内容为"策"2篇、"论"2篇,题目选自"四书"和兵书。康熙年间,对于考试内容做了调整,减少了一篇"策",其中策题出自《孙子》《吴子》《司马法》,论题只从《论语》《孟子》中出。到了乾隆时,考试难度进一步降低,"策"一篇,"论"一篇,题目都选自《武经七书》。

综上所述,武举虽然最早出现在唐朝,但在当时,武举制度比较简单,不够健全,只看中武术而忽略了文化,而宋朝则相反,缺乏尚武精神。武举制度真正意义上的完善是在清朝,这个时期不但崇尚武艺,对文化也有一定的要求,这点从清朝的武举制度中设置的文化考试可以发现。但是令人惋惜的是,随着鸦片战争的爆发，帝国主义列强的入侵，中国传统运动的完善过程被打断，不仅如此，还抑制了中国民族传统体育的发展。

（四）民族传统体育与近代西方体育的融合期

1. 洋务运动、戊戌变法与近代西方体育的传入

随着清政府的腐败，在19世纪，各地农民起义接连爆发，其中规模最大，并取得一定成功的要数太平天国，然而在19世纪60年代的时候，太平天国遭到中外势力的联合镇压而宣告失败。在镇压太平天国的过程中，一批带买办性质的官僚在清朝封建统治集团中出现，这一批官僚就是我们要说的"洋务派"，其中曾国藩、李鸿章、左宗棠、张之洞等是其代表人物。他们主张"自强""求富"，不仅鼓励通商，而且主张建立新式海陆军，兴办军事工厂、铁路、电报等，另外，为了促进多方面人才的发展，主张设立以军事学堂为中心的新式学堂，选派留学生。这一系列的主张都是为了通过引进西方资本主义的先进技术挽救腐朽落后、奄奄一息的清王朝。洋务派为挽救清王朝所主张和举行的这些活动，在历史上被称为"洋务运动"。

关于西方近代体育，洋务派是最早将其引入中国的。洋务运动中最能体现对西方近代体育引入的是兴建新式军队和新式学堂，在新式军队的训练以及新式学堂的教学与训练中，西方近代体育随着这些活动被引入中国。比如，近代西方兵操直接影响了清政府对军队的西式编练。而在洋务派新军以及学堂中流行的体育活动是中国较早出现的近代体育。

从中国体育发展史来看，西方体育开始向我国的传入在洋务运动时期，随着西方体育的传入，我国近代体育开始发展。当然，洋务运动中对西方近代体育的引进，尽管促进了我国近代体育的发展，但是其真实目的是为了增加军事力量，稳定风雨飘摇的清王朝统治。洋务运动中引进西方近代体育的方式主要体现在以下方面：

（1）选派留学生

清政府在1872年选派了30名留学生，这也是第一批留学生，这批留学生被送往美国，此后到1875年为止，每年都会选派30名留学生送往西方国家，在这几年中，共有120名留学生被派往西方国家，这些留学生回国的时候，带回了英美体育。

（2）编练新军

在 1862 年前后，洋务派为提高清政府的军事力量，开始编练新军，在训练新军过程中，第一次废弃了传统的骑射、刀剑枪等技术训练，开始引进西方军操，并且开始请"洋人"教习"洋枪""洋炮""洋操"。

（3）创办军事学堂

除了编练新军时引进一些西方军操外，洋务派还创办了不少军事学堂，在学堂中，同样引进了西方军操。

洋务运动中西方体育最早传入中国的类型是兵式体操和普通体操，这两种体操类型传入中国后最先被洋务派新军所接受。在当时，对于西方体操的引进，只是单纯地为了练兵，而对于"体育"这一概念，无论是从内容上，还是方法上，都没有全面了解。洋务运动的一切主张都是以维护清王朝制度为目的，企图利用西方技术和军事制度来提高自己的军事力量，从而巩固清王朝统治是注定会失败的，在 1894 年，甲午战争爆发，后来清政府的失败也预示着洋务运动的结束。这令当时的许多有志之士开始反思，一种改良主义思潮正在酝酿。到了 1889 年，以康有为为首的资产阶级改良派开始推行改良主义思想，并且发动了"戊戌变法"运动，这场运动不到百日便被镇压，但其提出的资产阶级改革和新文化教育思想却深深地影响着人们，对人们的思想解放起着巨大的作用。这无疑为西方近代体育在中国的传播奠定了基础。具体来讲，戊戌变法中以康有为、梁启超、谭嗣同和严复等为代表的改良派，提倡的新学或西艺中，明确提出了体育主张。戊戌变法运动是改良派为了达到"救亡图存"目的而发起的运动，他们以进化论为武器，倡导近代体育。这在很大程度上对西方近代体育在中国的传播具有重大意义。因此，资产阶级改良派可以说是我国近代第一批启蒙思想家，他们开创性地冲破了封建理念和思想的樊篱。他们将西方全面发展教育学引入中国，使中国第一次接触西方全面发展教育学，不仅如此，他们还首次从全面教育角度论述体育的思想，这些举措都对西方近代体育在中国的实践起到了推动作用。其中最具有代表性的是军事体操和普通体操。通过他们对近代体育的宣传，使当时社会上流行一种"耻文弱"的风气。另外，他们还提倡"尚武强国"思想，这一思想在相当长一段时期内对国民体育思想有着巨大的推动作用。

2. 教会学校和基督教青年会对西方近代体育的介绍和传播

在 19 世纪中期，经过洋务运动的努力，西方军事体操和普通体操开始在中国的军队和学校盛行，与此同时，进入中国的还有一大批传教士。此后，他们开设教会学校、基督教青年会等，并通过这些组织，将西方体育项目系统、完整地传入中国。也就是说，西方体育通过教会学校和以传播基督教教义为己任的基督教青年会传入中国，是西方近代体育在真正意义上开始在中国的传播和发展。教会学校和基督教青年会对西方近代体育在中国的传入和发展主要体现在以下方面。

（1）教会学校对西方近代体育传播

"基督教从 1807 年传入中国，到 1916 年止，共办中心教会、教堂、礼拜堂 7088 所之多。"[①] 伴随着传教的深入，教会学校不断出现。实际上在早期的教会学校中一般不设置体育课，只是在课外活动的时候有一些体育活动。尽管如此，西方近代体育也得到了广泛的传播，这是因为，在教会学校任教的都是西方人，教会学校教授的内容以及教授者自身的能力都是来自西方国家。因此，在教会学校的课外体育活动中也都是西方的体育活动。而在教会学院设立的一些相当于高等学校的书院，会开展一些田径、球类等运动。我国有关最早运动会的记载是 1890 年在上海圣约翰书院举行的运动会，这次运动会就是以田径运动为主的。在当时，教会学校开展了一系列球类运动，比如足球、棒球、网球、篮球、排球等，不仅如此，针对这些球类运动还不断开展校际比赛。1890 年以后，在我国比较发达地区的教会学校，先后开展了以田径和球类为主的各种西方体育运动和运动竞赛。主要包括北京、天津、上海、烟台、广东、福建等。随后，在这些地区的影响下，无论是公立学校还是私立学校都纷纷开展了田径和球类运动。并且也逐渐参加教会学校的竞赛。

正是因为体育竞赛始于教会学校，因此在早期，教会学校的竞赛成绩是最好的。当时参加地区或者全国性的体育竞赛的选手大多数也是来自教会学校。可以说，中国人接受和学习西方体育的主要途径之一就是通过教会学校对西方体育内容的传播和推广。也为中国近代体育的发展产生了积极的促进作用。

---

① 崔乐泉. 中国近代体育史话 [M]. 北京：中华书局 .1998.

（2）基督教青年会对西方近代体育的传播

19世纪70年代的时候，随着传教士进入中国，他们开始在中国设置基督教青年会，这实际上是一种国际性的教会组织。其目的是宣扬基督教的教义，即团结青年，养成完全人格，建设完美社会。中国第一个青年会是在上海成立的，从1876年到1920年期间，全国共有30处城市青年会，170处学校青年会。这些青年会的开设，大大促进了西方体育的引进、运动场地的建设，以及竞赛活动的组织。另外，对于专门的体育人才的培养方面也发挥了重要的作用。

在早期，青年会设立之后，提倡西方体育，他们一方面宣传西方体育，另一方面在青年会中对中国人传习西方体育。青年会在除了通过宣传、传习、组织表演、建造运动场地等方面推动西方体育在中国的发展外，还通过组织运动竞赛等活动加速西方体育在中国的传播。举个例子来说，1902年，青年会就组织在天津、上海两地举办了中国近代最早的运动会。在此后很长一段时期内，青年会都在全国体育界处于领导地位，并且组织了多次中国早期的运动会，也是在这个时期，运动会的主要内容发生了变化，具体来讲，运动会在民国初期是以"游戏、体操"为主，在此之后，逐渐转变为以田径、球类为主。与此同时，青年教会还努力加强对西方体育专门人才的培养。中华人民共和国成立以后，我国体育的开拓者马约翰、董守义等就是在这个时期在青年教会的培养下成长的体育专门人才。

由此可见，在我国近代史上，西方列强的入侵还表现在文化方面，教会学校和基督教青年会就是西方列强想要通过文化奴化中国人民的产物，虽然两者的出现，以及开展的体育活动反映了帝国主义侵略的本质，但不得不说，教会学校和基督教青年会在推动西方近代体育在我国的传播，以及我国近代体育发展方面起到了积极的促进作用。

综上所述，我们可以发现，西方近代体育就是在我国民族衰落的境遇中通过洋务运动传入我国，又在戊戌变法的文化革新过程中得到传播和扩张。这离不开我国当时的国情，也离不开西方传教士的作用。

第二节　民族传统体育的内容与分类

一、民族传统体育的内容

我国是一个有着众多民族的国家,也是一个历史悠久的文明古国。在我国5000多年的发展历史中,民族传统体育随着社会经济和生产力的发展逐渐形成了丰富多彩的传统体育项目。下面我们主要讲述汉民族的民间体育项目。比如,武术、引导术、民间体育游戏、少数民族传统体育等。

（一）武术

1. 概念

关于"武术"这个词汇的出现,我们可以追溯到南朝梁武帝长子萧统所编《文选》,在其中的第五卷中,有诗句"偃闭武术,阐扬文令",意思是说结束战争或纷争,宣扬文化政令。当然,这里的"武术"一词,虽然是史书记载的最早出现关于"武术"这个词汇,但并不是现代武术的概念,而是战争、战术的意思。那么武术的概念是从什么时候形成的呢?在1908年7月的《东方杂志》第六期上引载了7月12日《神州日报》的一篇文章,其名曰:"论今日国民宜崇旧有之武术"。这篇文章发表的背景是当时国势衰弱,呼吁大家研究武术,救国图存,这是最早关于"武术"这一词由来的记载。在多年的发展中,"武术"的概念不断被诠释。在1961年的体育学院本科讲义《武术》中,就对武术概念进行了阐述:"武术是以拳术、器械套路有关的锻炼方法所组成的民族传统体育形式。它具有强筋壮骨、增进健康、锻炼意志等作用,也是我国具有悠久历史的一项民族文化遗产"[1]。虽然这篇讲义中对武术的概念进行了阐述,但是还不够全面,因为其中并未提及武术技击性。

而在当今,武术的概念也颇有不同。举例来说,如温力在《中国武术概论》指出"武术是中国古代的技击术发展而来,以套路练习和对抗性练习为运动形式的现代体育运动项目"[2]。另外,他还提出武术在不同的历史时期中,其内涵和外延也是不尽相同的,因此他认为,武术实际上是一个动态的概念。

---

[1] 范鸿雁. 现代意义武术概念的探讨 [J]. 武术科学（搏击·学术版）, 2005（04）: 5-7.
[2] 温力. 中国武术概论 [M]. 北京: 人民体育出版社, 2005.

2009年出版的《普通高等教育"十五"国家级规划教材·武术》一书对武术的概念也做了介绍："武术是以技击动作为主要内容，以功法、套路和搏斗为运动形式，注重内外兼修的中国传统体育项目。"[①]

2009年7月，在河南登封召开了武术和武术利益研讨会，这次会议是由国家体育总局武术运动管理中心主办的。在这次会议上，对武术的定义进行了修订。明确了武术概念的构成：第一，武术以中华文化为理论基础；第二，武术以技击方法为基本内容；第三，武术以套路、格斗、功法为主要运动形式。

总体上来讲，关于武术的定义是在中华人民共和国成立之后开始不断走向成熟并不断得到完善的。诸多专家和学者一致认为武术属于传统体育的范畴，不仅将武术纳入体育中，还对武术的运动形式进行了清晰的界定。不仅如此，对于武术的内涵以及特征都进行了详细的阐释。尽管对武术的定义存在着细微的差别，但一致的观点是，武术尽管在某些功能上属于体育的范畴，但它还拥有很多内涵，而且蕴含着许多民族传统优秀文化。从这个层面来讲，武术又高于一般体育的概念。因此，应该辩证地看待武术和体育的关系。

2. 内容与分类

到今天，武术已然成为一种全世界人们喜爱的体育项目，武术的种类有很多，每个民族的武术都带有自己民族的风格，相应的，也会具有展现自己民族特色的套路。总体上来讲，武术分为"击"和"舞"。具体来讲，"击"就是技击的意思，最早是指徒手搏斗的拳术，现在已经发展为搏击敌人的武艺，武术的这一层意义已经在人们心中根深蒂固。"舞"也就是武舞，举个例子来说，就是如今的武术套路动作，是以表演为目的，与"技击"不同。

武术的分类可按照以下两种方式：

第一，根据武术的形式划分，武术的形式有很多种，大体上主要分为两种，一种是用来表演的套路运动，另一种是用来对抗敌人的搏斗运动。具体来讲，套路运动选材于技击动作，通过分析攻守进退、动静疾徐、刚柔虚实等矛盾运动的变化后，编成的成套的练习形式。根据套路的演练形式，又可以将套路运动分为

[①] 蔡仲林，周之华. 高等学校教材武术 [M]. 北京：高等教育出版社，2009.

三种类型，即单练、对练和集体演练。搏斗运动是指在一定的条件下，两个人按照一定的规则进行对抗性的实战运动。在这类武术运动中，甚至有一些已经列为比赛项目，比如散打、推手等。

第二，根据武术的功能划分，武术的功能有很多种，主要可以分为四大类，即竞技武术、健身武术、实用武术和学校武术。

3.发展演变

（1）武术发展演变的基本特征

①武术的自发性

武术运动在发展过程中具有一定的自发性，这也是武术发展演变的主要特征之一。这种自发性，具体来讲可表现在以下方面：第一，对于人们习武的行为来说，一般为主动习得，不受规章制度的约束，也没有场地和环境的限制。第二，在练习武术的过程中，一些比较资深的拳师往往会将哲学思想与武术相结合，赋予武术丰富并且独特的内涵，开创自己门派独特的拳种和套路。第三，武术运动的自发性还表现在武术练习者对武术文化的建设，他们将多种文化与体育结合，促进武术的不断发展。

②武术的开放性

纵观我国发展历史，我们可以发现在我国 5000 年的历史长河中，武术可谓传统体育中最具代表性的一项。而回顾武术的发展史，不难发现，武术的发展不仅仅是在我国的发展，它还与外界有着紧密的联系。具体来讲，早在汉唐时期，中国的武术就已走出国门，在日本、朝鲜等周边国家进行传播。到了民国时期，我国的对外交流逐渐频繁，1936 年在柏林举办的第 11 届奥运会，中国武术队随中国体育代表团参加了这次奥运会，并在会上进行了武术表演，经此中国武术在世界范围内得到了宣传和广泛传播，同时也充分展示了中国武术的包容性。

武术的传承早已不是农村场馆的传授模式，而是逐渐转移到了现代学校。由此产生的结果就是教育团体方面更加集中，教学内容方面也更加专业。比如，对于各种拳种，都在查漏补缺、取长补短，以及相互交流中发展和进步。广泛的传播性和包容性是武术开放性的一个体现，但这只是一个方面，除此之外，还表现在武术从业者的开放性和武术内容的开放性上。具体来讲，武术包括很多子系统，比如各个拳种、习练人群、武术团体组织、武术竞赛等。这些子系统始终保持着开放的姿态，在物质、信息、文化和精神方面，不断与外界进行着交流。

当今，随着科技的发展，计算机以及网络的普及，人们早已进入网络时代，在发达的网络下，人们对于学习资源的搜集显得相当容易，不仅如此，学习内容的丰富多样更是能够满足人们的各种需求。武术的教学和培训更是适应时代潮流，在网络上不断推出各种免费教学资源，甚至有专门供学习者交流的平台，当然传统的线下场馆培训也一直存在，这都为人们学习武术提供了众多方便。实际上，武术的开放性是一种用来体现武术包容性的手段。武术之所以具有开放性，也是为了实现武术的不断创新发展，使武术能更好地实现自生长。

③武术的非平衡性

对于武术的传承和发展，我们可以分别从横向和纵向两个方面进行分析。首先，从纵向来看，历经5000年的岁月，武术之所以能够不断传承和发展是因为它符合历史发展的规律。其次，从横向来看，武术包括很多不同的拳种、技法和风格，也包括很多门派。而武术的非平衡性就是针对横向方面的子系统来说的，它要求武术的各个子系统之间要存在差异性。具体来讲，我们以竞技武术、学校武术、大众武术为例进行差异性的分析：第一，竞技武术。在这里主要指的是围绕奥运会进行的体育活动，这些项目是在中西文化碰撞下的产物，习武者都是专业的运动员，按照一定规则进行训练，在赛场上充分展现其竞技的魅力和取得出色成绩的能力。第二，学校武术。顾名思义，是在学校开展的武术教学活动，习武的对象是学校的学生。学校武术主要是体现武术的教育价值，武术中的"尚武"精神，能够培养学生不怕吃苦、迎难而上的坚强意志，是以培养学生健全的人格素养为目的的。第三，大众武术。是为了提高全民健康发展而来的，大众武术具有健身功能，适合大众练习，不仅能促进武术的传播和推广，还能在不断交流和继承中促进武术的发展。总之，任何系统的发展都不离开非平衡性，它是系统有序发展的源泉，武术也不例外，武术的发展也是以非平衡性为基础的。

（2）武术传播形式的发展演变

①师徒传承模式下的武术传播

技艺是随着社会发展、人们为了更好的生产生活、历经时间的洗礼而总结出来的，也是中国传统文化形式上的重要组成部分。拥有数千年历史的武术便是其中一个分支。在人类社会早期，武术主要是用于部落之间的斗争，或者与猛兽搏斗。后来，国家建立后，又主要运用于国家与国家之间的战争。因此，可以看出，在历史上，武术的最主要的用途是与战争有关的。战争中的武术都是实战，因此军事用途的武术能够很好地诠释武术是人与人之间的实战的本质。武术在民间的流传，很大程度上是受到了"尚武"风气的影响，保留了武术实战特性的同时还加入了气功等元素，并且武术套路也不断繁荣，逐渐形成了各种流派。在古代的时候，家族、宗派观念盛行，人们在修习武术的时候往往依靠建立在一种基于流派基础上的关系网，也就是门派的形成。在门派中，武术的传授更是一种技艺的传授，因此是以师徒传承的方式进行的，师父在收徒之前会首先对弟子的品德等进行考察，考察完毕，师父会将毕生所学都传授给徒弟。

从中可以看出，道德、品质对一个人来说是十分重要的，也是被人们极为看重的。道德、品质的优劣是进行技艺传授的前提。

随着武术的发展，民间出现一系列武馆及一些经营类的武术团体，渐渐地师徒制的传播制度发生了变化，出现了商业元素。而作为教授武术的师父，也会把自己的技术进行分层，即粗浅功夫和秘传功夫。一般来说，粗浅功夫适合大面积传授，常作为收入的获取途径。而秘传功夫则是师父在众多拜师学艺的学生中，挑选出的极具天赋且品德好的收为入室弟子，并且将秘传功夫倾囊传授。这样做的目的是最大程度对本门技术的精华进行保存并使其能够流传下去。在今天，通常在商业行为中会涉及一些商业机密，而对商业机密最好、最有效的保护手段就是签订具有法律效力的合同。但是在我国古代的农业社会，关于武术的秘传功夫的保护，师父只能依靠对徒弟的观察，在经过长期观察、考察徒弟的道德水平之后，得出是否要将武术的秘传功夫传授给徒弟。

②武馆模式下的武术传播

在清末民初的时候，伴随着西方列强的入侵，西方的科学思想及先进生产方式也大举进入中国。在当时，由于中国数千年的封建统治，人们的旧思维模式没有打破，封建思想根深蒂固，一时间难以接受西方的科学思想。在这种境况下，急需一种大众可接受的方式来传播科学的思想。武术运动不仅能强身健体，增强民智，还蕴含我国古代的哲学思想。因此在当时成为传播科学思想的载体。1910年，上海精武体育会成立，其仍然秉持着师徒制的传授模式，但还是摒弃了门派和门户的观念，不仅如此，还倡导"德、智、体"三育并进精神。上海精武体育会的成立使得普通大众学习武术的门槛大大降低，激发了人们的学习热情。在后期，上海精武体育会还开设了文化课程，这一举措使教学内容得到了大大扩展。在此之后，不仅武术的传播价值得到了巨大的提升，还为后来武术的推广开辟了新的道路。

1928年国民政府于南京正式批准成立中央国术馆，并得到了如冯玉祥、于右任、蔡元培、何应钦等各大党政要员的鼎力支持。中央国术馆运行之后设立理事会、教务处、编审处、总务处的组织建制，在课程内容设置方面分为学科、术科两类，学科课程有历史、地理、军事学、三民主义、国术学等；术科课程有：拳法、腿法、竞技科、器械科等。值得一提的是，在中央国术馆中，不仅包括我国传统的武术项目，还引进了国外的一些项目，比如拳击、日本劈刺技术等。这些项目的引入使得馆内的教学内容更加丰富。使"泛学博通"的教学特点得到了充分的体现。中央国术馆如今早已不复存在，但其建立的一系列管理制度和教学模式是后来者宝贵的经验。除此之外，中央国术馆还有一个巨大意义的举措，那就是组织了两次全国性的考试。虽然这一举措持续时间很短，也不过昙花一现，但是其意义可以说是非常大，可以说为后来的我国竞技武术的发展奠定了基础。

③竞技与表演形式下的武术传播

1949年以后，国家对武术的重视程度越来越高。1953年，首次全国民族形式体育表演及竞赛大会在天津举办，在这次大会上，武术是主要的表演内容，标志着武术正式进入竞赛领域，现代武术竞赛由此诞生。在武术竞赛开始后，武术套路变得更加标准化和竞技化，也越来越富有观赏性。也是新时期武术越来越官方化的体现。1958年，第一部《武术散手竞赛规则》由国家相关部门制定并颁布。紧接着，我国相继颁布了六部《武术散手竞赛规则》，这一规则能够很好地指导我国武术竞赛中武术套路的发展，使竞赛武术的动作也由简单的一招一式演练，逐渐变得更加优美舒展，准确流畅。

（二）导引术

导引术也是一种运动方式，其特点是以肢体为主，配合吐纳。意、气、形三者合一是其主要特点，主要作用是用来养生健体或者康复体疗。我国秦汉时期是导引术发展比较繁盛的时期。纵观史料，在《淮南子》中我们可以发现有关利用模仿动物进行养生练习的记载，比如"鸟伸""熊经""虎顾""猿耀""凫浴""鸱视"等，这也就是后来所谓的"六禽戏"。

迄今，可靠的关于导引术的记载，是1973年在湖南长沙马王堆3号西汉墓中出土了一幅《导引图》。这也是迄今最完整的导引图解。在这幅图中，我们可以看到大量模仿动物形态的仿生类导引。由此可见，我国古代的体育具有鲜明的仿生性。到如今，导引术已经经历了数千年的发展历程，早已发展为一个博大精深的养生和医疗体系。

秦汉时期的导引术得到了巨大的发展，在秦汉以后，先秦的阴阳五行哲学一直影响着导引术的发展，加上精、气、神等原理的推动，一种名为"行气术"的体系开始形成并得到发展，行气又称为吐纳、炼气、服气、胎息等。是一种在意念引导下，按照一定的规律进行的呼吸锻炼，这种养生功法也得到了我国众多养生家的推崇。除了导引术、行气术之外，还有一种养生术也备受养生学家的推崇，那就是按摩术。大家所熟知的太极拳，在形式上是属于武术，因为其整个过程可以说是一套成体系的拳法，并且具有技击的特性。但实际上太极是集导引、行气和按摩术为一体的一种养生体育。它完美地将武术和技击结合在一起。为我国养生体育的发展指明了方向。另外，保健养生按摩术的流行也充分体现了我国民族传统体育在发展过程中所具有的浓厚的中华民族传统体育文化的民族特色。

（三）民间体育游戏

民间体育游戏，顾名思义就是指在民间广为流传和开展的娱乐性活动，也是我国民族传统体育的一个重要组成部分。随着社会发展，已经有很多民间体育游戏被人们遗忘，但也有很多被保留了下来。民间体育游戏因其具有鲜明的趣味性，无论是在少年儿童中还是在成人中都很受欢迎。甚至有的体育游戏已经发展成了竞技项目或者杂技艺术。我国是一个多民族的国家，每个民族都带有自己民族特色的民间体育游戏，因此我国民间体育游戏种类繁多，但在性质和方式方面又具有一定的相似性。

（四）少数民族传统体育

1. 概念

我国各族居民在千百年的演变和发展过程中创造了品类多样、风格各异、价值多元的传统体育活动，通过不同地域文化孕育而生的少数民族传统体育，可以窥见各少数民族居民的生存样态和生活状态，各民族的历史、文化、社会也不同程度地体现于内。

我国民族传统文化瑰宝。在我国幅员辽阔的大地上，生活着勤劳质朴的各族人民，他们在长期的生产和生活中不断积累和沉淀，创造了风姿各异、内涵丰富的传统文化。其中，以身体为主要载体的传统体育，是一种最原始和最直接的情感表达方式，承载的是人们对于自然的敬畏、对于生活的体验和对于自我的认知。多姿多彩的少数民族体育还是广大各族群众集体智慧的表现和表达，既有个体项目也有集体项目。既有以速度比拼为主的"赛马、赛牦牛和赛龙舟"。也有以命中率决出优胜的"射箭、射弩和吹枪"；既有比试力量的"抱石头"，也有比拼力量和技巧的"摔跤"；既有竞智的"藏棋"和"三三棋"，也有游戏类的"抱蛋"和"丢窝窝"……这些丰富多彩的传统体育项目并非孤立存在，于祖国大地上遍布各民族特色文化活动中。传统体育也发挥了超越体育本身的重要作用。例如，惊险刺激的赛马和独具特色的摔跤在蒙古族"那达慕"大会和彝族的"火把节"上均扮演了重要角色，藏族、蒙古族的系列赛马节（会）搭建了以传统体育为主题的物资交流平台，壮族的"陀螺节"和苗族的"独木龙舟"更是将传统体育和节日文化完美结合。分散于各地、在不同时节开展的传统体育活动异彩纷呈，以五彩斑斓的样貌和"各美其美、美美与共"的总体形态展现了我国民族传统体育文化的丰富、博大和厚重。

地域文化铸就个性品格。纵观不同品类和不同类型的传统体育，地域文化在其个性品格的形成过程中发挥了巨大作用。从宏观层面来看，广阔无垠的大草原孕育的是场面壮观的赛马活动，星罗棋布的河流湖泊孕育的是适应自然、便利生活的舟船项目，林深树茂的大森林孕育的是形制较小、远距使用的弓弩项目等；在中观层面，相同名称的传统体育活动在不同的地域，其表现形式、开展方式、特点特征具有较大的差异性，如赛马、摔跤这两种多个民族普遍开展的体育活动，在内蒙古、西藏、四川等地都存在很大程度的不同；具体到微观层面，一是同一个民族内为分布地域不同而在传统体育器材制作的原材料上表现出较大的差异性。二是同属一类的传统体育活动也在不同民族中呈现多种表现形式。如秋千，在苗族、阿昌族中是"四人秋千和八人秋千"，在哈尼族、布依族则是能够水平循环旋转的"磨秋",用大马车轮子做成的"轮子秋"在土族中备受欢迎,而纳西族、朝鲜族、满族等则喜欢用两根绳子拴在树上或架子上的秋千。对于少数民族传统体育的地域文化特性的审视应立足高远,从纵向维度来看,地域文化不仅形成了各传统体育活动外在的表现形式,也在很大程度上铸就了其文化内核和外延;从横向维度分析,地域文化中所容括的各类传统文化之间也是彼此影响的,节日文化、饮食文化、宗教文化等都不同程度地影响了传统体育文化的个性品格。可以说,是地域文化造就了少数民族传统体育的丰富多彩,是地域文化赋予了少数民族传统体育深厚的文化内涵。是地域文化铸就了少数民族传统体育独特的个性品格。

2. 影响因素

(1)文化源地维度

一般意义上的文化源地是指某一文化事物、文化现象和文化系统最初产生的地方。从文化源地的维度对少数民族传统体育的地域文化特性进行研究,可以更好地厘清少数民族传统体育的源起、演变和发展与其所处地理空间之间的关系,使地域文化对于少数民族传统体育的影响得到更具体的呈现。

(2)文化生态维度

少数民族传统体育的存续和发展不仅受到自然环境因素的影响,不断演化的社会环境也在其发展过程中发挥了重要作用;少数民族传统体育与上述两种环境的相互关系,加之各族群众,共同构成了少数民族传统体育存在的文化生态。对此维度的探究,可以使环境对于少数民族传统体育特质的影响得以明晰,也可以明确其产生和发展过程中地域文化所发挥的作用。同时,少数民族传统体育这种文化事项是各族群众的集体选择,这种选择在多大程度上受到地域文化的影响也是一个有趣的主题,从文化生态的角度进行研究,或许有许多地域文化对少数民族传统体育塑造方面的新发现。

(3)文化区维度

广义的文化区是指文化事物、文化现象和文化系统覆盖的地区。从文化区的层面探讨少数民族传统体育的分布,是基于但不局限于地理空间的关于少数民族传统体育的探寻,很大程度上会打破行政区划意义上的地理区域限制,从而寻得一个以民族或项目为划分标准的分布区域图。研究文化区意义上的少数民族传统体育分布，或许会探知更多少数民族传统体育地域文化的特性，因地域分布不同而导致的地域性差异也会因此找到更有趣味的原因。

（4）文化扩散维度

少数民族传统体育是与广大民族的生活密不可分的，民族迁徙也会导致传统体育的扩散。从概念上而言，文化扩散是指文化从一个社会传到另一个社会、从一区域传到另一区域以及从一群体到另一群体的互动现象。在民族迁徙的过程中，传统体育因地域环境改变而发生哪些改变？以及这种改变在多大程度上是地域文化因素造成的？再者，改变的是外在表现形式还是传统体育项目所蕴含的内部文化因素？抑或传统体育扩散到新的地域之后如何与当地的地域文化融合？一系列问题都可以从文化扩散的维度探寻答案，因此，少数民族传统体育流动、变迁和重塑是个值得深究的问题，文化扩散维度的研究会让诸多具体问题找到解疑的方向或窗口。

概言之，作为中国传统文化重要组成的少数民族传统体育，在地域文化的滋养下形成了独特的个性品格，展现了民族传统文化的不同侧面，承载着民族传统文化的厚重，55个少数民族的传统体育活动就如同文化大花园里不同颜色的花朵绽放在中华大地上，以"多元"的存在共同构筑传统文化的"一体"。

二、民族传统体育的分类

（一）按民族习俗分类

民族习俗在民间的历史源远流长，是一种历史积淀，并深深植根于其中。它是族群在长期的发展过程中不断累积、沉淀出来的，是其生存基础的文化体系，也体现了该族群的特征，并以此为一个族群在形成和发展过程中的重要基础，与各民族体育文化的发展紧密相连。总之，一个族群的历史背景与民族习俗，在很大程度上对其体育文化活动有着深远影响。

民族习俗在民族体育文化的历史发展过程中的关系如下：民族习俗作为一个民族的传统文化而存在，积淀并凝聚了民族的心理深层和精神底蕴，且外化在其社会行为和物质形态中，它既对民众的言行有所规范，又传承了民族传统，使社会成员在多角度多功能下受到了很大影响。民族体育文化的形成和发展，在很大程度上与一个族群的历史背景和传统民族习俗有关，文化习俗的象征和体现是指民族体育文化，其往往具有极大的影响力与深刻的文化内涵。

从本质出发，民族文化的因素之一和民族文化传播的主要载体都是民族的体育文化。这也代表着民族体育有利于民族文化传递，并且其发展又离不开民族习俗的不断丰富和积累。因此，民族文化传播的主要途径之一就是民族体育文化，同时其在民族习俗与民族文化之间也扮演着不可或缺的角色。例如，民族传统体育项目的实践活动，可以使特定的道德规范、习俗和社会价值等得到传播；民族的传统体育和与之所处民族的经济、政治和文化层面是相互作用及相互依存的关系。一个民族的传统文化习俗，是该民族成员世代传承相沿的共识符号，是族群内聚力和整合的象征。

1. 传统劳动生活中的民族传统体育活动

中国的民族传统体育，很多都是体现在民俗中。民俗实际上是一种传统文化，也是一种行为方式，这种行为方式是社会群体共同拥有的，经历世代相传而留存下来的。民俗作为一种文化，影响着人类文化的构成，在民俗中，我们可以看到一些专属于该民族或地区特有的元素或现象，比如，历史形态、历史渊源、地理风貌的脉络等变化轨迹。当然，也可以感受到其多彩多姿的民族传统体育项目。

民俗中必不可少的主要部分有日常生活的习俗与传统劳动生产，其包括了非常丰富的民族传统体育的活动内容，例如苗族的"舂米舞"、彝族的"荞子舞"。还有其他民族的赛马等，这些民族传统体育从产生到流传的过程，无一不体现着它和人们传统的日常生活、劳动生产等习俗密切相关。

民族传统体育的起源可谓异彩纷呈，有的起源于军事战争、有的起源于祭祀，有的则直接起源于劳动生产。民族传统体育中，最重要的起源之一就是传统的劳动生产习俗。早期赫哲族为了培养孩子叉鱼的兴趣和技巧，会用草来编制成球，一个人将球扔在草地上让其滚动，另一个人则投掷鱼叉将草球叉住，这种习俗在后来已经成了一种民族传统的体育活动，就叫"叉草球"。此外，在北京地区的蒙古族和回族中也流传着一种习俗，是一种接力跑，名为"赶羊跑"，其也是一项非常典型的传统生产习俗。

在各种传统生产和日常生活习俗中我们都可以发现民族传统体育活动的存在。这些民族体育活动与人们的生活和生产密切相关，其中联系最紧密的就是舞蹈了。举例来说，怒族是我国少数民族之一，生活在云南省的怒江傈僳族自治州的泸水市，是一个能歌善舞的民族，他们的舞蹈特点鲜明，节奏感强，多为轻松欢快的风格。在有宾客来到的时候，怒族的人会跳一种特别欢快的"双人舞"，以对来宾表示欢迎之情。而当宾客离开的时候，怒族人还会跳"拜别舞"，以表达对宾客的不舍。除此之外，怒族的舞蹈还有很多种，比如欢庆节日的时候有"饮酒舞"；每次进行劳动之前有"出工舞"；当有人家要盖房子的时候有"盖房舞"；有新生儿降临的时候还会跳"生育舞"等。这些舞蹈就像怒族人民生活的写照，它们组成了一幅古朴的具有民族风俗的画卷，在图画上将中国民族传统体育所包含的中国传统生活和生产习俗刻画得惟妙惟肖。

2. 婚俗文化中的民族传统体育

中国民族传统体育除了与人们的生产生活有着密切的关系外，还与各民族的婚姻习俗有关。纵观人类发展历史，我们不难发现，众多民族在社会发展的初期就已经出现了很多体育活动内容。并且这些内容与婚俗行动有着密切的联系。例如母权制、择偶嫁娶和为婚恋提供自由交往的场所等。事实证明，民族传统体育和婚俗之间的关系对研究我国民族传统体育的发展作用重大。具体来讲，体现在以下方面：

（1）架起男女婚恋的桥梁

一些娱乐性较强的项目，往往在婚恋过程中起着媒介作用。每逢民族传统节日的时候，各民族都会有一些集会，在集会期间就会有很多体育项目的举行，这些活动在锻炼和娱乐之余，能够为青年人提供一个展现自我的平台，从而吸引自己心仪的姑娘。举个例子，布依族的"丢花包"、哈萨克族的"姑娘追"、壮族的"抛绣球"等都是这类活动。这些活动与其说是在节日里庆祝的活动，不如说是为青年男女提供了恋爱的机会。

开展民族传统的体育活动，可以使社群成员全都聚集在一处，同时当地的人口密度也会发生变化，这种变化也有利于社群成员进行直接的接触和了解，这样一来不仅提高了人们选择称心伴侣的概率，婚姻的成功率也会大大增加。社群成员虽然在传统体育活动中有了择偶的机会，但与此同时也对其有一定限制，那就是他们在择偶时要保证不会对社会秩序和社群生活有所损害。因此，相对自由的婚恋方式要既能满足社群需要，也能维护社会群体的两性关系，即它的调试作用非常重要。

（2）增添婚庆中的娱乐性

中国的许多民族在进行婚庆时，都会有一些传统的娱乐性体育活动，以此来表达人们开心幸福的心情。

比如高山族的妇女个个能歌善舞，有成婚后三日，会诸亲饮宴，各妇女艳妆赴集，以手相挽，面相对，举身摆荡，以足下轩轻应之，循环不断的习俗；还有塔吉克族的"刁羊"与苗族的"抢牛尾巴"等传统体育项目，这两类都是类似于抢亲的习俗，而羊和牛尾巴代表的是抢亲中的姑娘。实际上这些现存的争抢、抢亲的样式只是一种象征，是因为这些传统的体育活动能够带动起婚庆的愉快氛围，所以才被很好地传承了下来，而且还成了中国民族婚俗的特色。

有研究显示，假如有两个竞争者，有较强能力的那个如果获得了异性或居住领域青睐的话，对这个种族将来的发展是有很大益处的。古时候的中国将竞争异性的方式定为体育运动，而在传统比赛中的胜利者会被认为是两个竞争者的强者，从而获得异性的喜爱，这在一定程度上对传统体育运动竞技的发展起到了促进作用。另外，已经有很多关于民族传统体育活动的旧婚俗被赋予了新的内容，并也有了固定形式。它们与现代体育一样，逐渐在与社会发展中新的道德规范同步进行，也渐渐变得文明与健康。比如同婚礼一起进行或是作为婚礼的一部分，其更多被保留的还是欢乐喜庆的色彩。

3. 节令与民族传统体育

中国各民族的传统体育是作为一种文化现象而存在的，另外同样属于文化现象的还有中国传统的年节活动。

民族传统体育文化的重要属性之一是节令性，中华各民族中丰富多彩的年节活动给了民族传统体育表演的机会和舞台，还有传承和发展的空间，民族传统体育在年节中不断地发展和传承，同年节文化一起相互影响、交融。

（1）民族传统体育产生于年节之中

古代人民平时忙于生产、生活，只有在为了庆祝丰收、祭祀（祭祀天地、神灵祖先，还有祈禳灾邪、驱恶避瘟，祈求丰收、家道平安等）、纪念（事件或人物）等节日活动中才得以放松，尽情娱乐，我们很多民族传统体育就是起源于这种娱乐活动。瑶族的"打铜鼓"就是起源于瑶族最大的传统节日"达努节"（亦称"祖娘节"）。每年农历的五月二十九日是"达努节"，是瑶族人为了纪念传说中的祖娘而举行的。为了对祖娘进行报答，在节日当天，瑶族的人民都要敲起锣鼓、载歌载舞，这种最早的打铜鼓活动后来就慢慢发展演变成了今天打鼓人边打边舞，相互间进行比赛的民族传统体育"打铜鼓"。

（2）民族传统体育在年节中继承与发展

年节的存在是为了给民族传统体育的发展和传承提供载体，而节日就是诸多民族传统体育文化中的重要载体。不同的节日蕴藏了多种不同民族的历史与文化，也有着大量具有民族性的思维方式、共同经验、审美情趣、价值观念和终极关怀等；并且还存在民族传统体育文化的多种形态，其中包含了传统体育价值的评价标准、体育活动的手段及审美情趣等。

年节中的民俗是产生民族传统体育的土壤，年节同时也是民族传统体育传承和发展的土壤。傣历新年共3天（有时4天）。第一天为除夕，傣语叫"宛多桑刊"，傣族各地要举行划龙舟、放高升和丢包活动。第二天（有时是两天）为空日，傣语叫"宛脑"（魔鬼的头腐烂之日），既不属于旧年，也不属于新年，是"空"下来的，在"空"日里，人们可以在家静静地休息，也可以上山打猎。泼水节期间，也要举行集体划龙舟、放高升、泼水、丢包等体育活动。另外，很多节日名称就是直接以单个体育活动的名称来命名的，如侗族的"斗牛节""舞春牛"，苗族的"龙船节"等。"目脑纵歌节"是景颇族庆祝丰收的节日，"目脑纵歌"是景颇族语的音译，意为"集体歌舞"。

（3）年节文化与民族传统体育的相互交融

如今，组成年节文化的其中一部分已经少不了民族传统体育的存在。例如，在提到重阳节时，人们会自然而然地想到登高；提起春节，人们又会想到舞龙、舞狮；提到端午节，就是立马想到划龙舟等，还有清明踏青、十五观灯、傣族的泼水节等。这些传统的民族体育活动，早就在我们心里和那些难以忘记的民族传统节日所联系。即使是不同民族的节日时间、活动内容和纪念意义都不尽相同，但在节日民俗中，将民族传统体育作为重要的纪念活动的方式是相同的，并且有些民族传统体育项目还是节日中的重要动机。

在中国民族传统体育的发展历程中，年节文化对其有着深远的影响。可以说，民族传统体育的娱乐性发展，是在年节文化的基础上进行的。年节是一年中人们庆祝和欢乐的日子，最重视的就是娱乐性，因此其对于发展民族传统体育娱乐性来说，无形之中起到了很重要的促进作用，尤其是在年节活动中，如舞龙舞狮、龙舟竞渡等一些娱乐性很强的节目得到了很大的发展。

（4）其他民俗中的民族传统体育现象

在很多庙会、祭祀和花会等民俗活动中也不乏中国民族的传统体育。逛庙会和花会实际上有着深远的历史，这类民俗在我国也是有很大影响的。人们在庆典上常常会举办一些民间文艺活动，既娱神又娱人，如各类曲艺和杂耍等。在这之中，就不乏许多民族传统体育事项的存在；而在花会之中，其活动内容也丰富多样，旱船、舞狮、秧歌和高跷这些都是作为娱乐项目存在的。如今一些地方的走街花会之中，还有着先前保留下来的很多民族传统体育的锻炼手段，等到了那一天，就会有人敲锣打鼓、盛装彩扮，还会边走边舞。

除此之外，我们还会发现，在一些祭祀活动中，我们也可以发现中华民族传统体育活动，举个例子来说，在贵州黔西、遵义等地，当有人去世，年轻人会跳"踩堂舞"为死者超度。

（二）按不同民族分类

我国是一个多民族国家，每一个民族都有属于自己民族的并且带有自己民族特色的传统体育活动。这些体育活动都是该民族文化风俗的写照。我国有些民族中流传的传统体育活动有的是该民族所独有的，有的民族传统体育活动项目却能够在各民族中推广，这说明在我国众多民族中，有着相当大的一个范围内是不能够完全趋同的。因此，这就要求我们根据不同民族所开展的项目进行分类，深入了解各民族的各类体育项目的特点，以更好地促进我国民族传统体育的发展（表1-2-1）。

表1-2-1 我国民族传统体育项目的分类

序号	民族名称	代表性项目	数量（项）	序号	民族名称	代表性项目	数量（项）
1	汉族	投壶、蹴鞠等	301	29	景颇族	火枪射击、爬滑竿等	12
2	基诺族	竹竿比赛、高跷等	11	30	柯尔克孜族	姑娘追、刁羊等	23
3	蒙古族	摔跤、赛马等	15	31	土族	轮子秋、拉棍等	3
4	回族	木球、攒牛等	47	32	达斡尔族	曲棍球、颈力等	11

续表

序号	民族名称	代表性项目	数量(项)	序号	民族名称	代表性项目	数量(项)
5	藏族	赛牦牛、赛马等	32	33	仫佬族	抢花炮、打篾球等	6
6	维吾尔族	摔跤、赛马等	11	34	羌族	推杆、摔跤、骑射等	6
7	苗族	秋千、划龙舟等	33	35	布朗族	藤球、爬竿等	5
8	彝族	摔跤、赛马等	43	36	撒拉族	拔腰、打蚂蚱等	10
9	壮族	抛绣球、抢花炮等	28	37	毛南族	顶竹竿、下棋等	12
10	布依族	丢花包、秋千等	8	38	仡佬族	打篾鸡蛋球、打花龙等	3
11	朝鲜族	跳板、摔跤等	7	39	锡伯族	射箭、摔跤等	6
12	满族	珍珠球、冰嬉等	45	40	阿昌族	耍象、龙、荡秋、车秋等	9
13	侗族	抢花炮、草球等	13	41	塔吉克族	刁羊、赛马等	2
14	瑶族	人龙、打陀螺等	8	42	普米族	射箭、摔跤等	9
15	白族	赛马、赛龙舟等	14	43	怒族	跳竹、怒球等	8
16	土家族	打飞棒、踢毽子等	43	44	乌兹别克族	赛马、刁羊、摔跤等	3
17	哈尼族	磨秋、打陀螺等	5	45	俄罗斯族	嘎里特克等	1
18	哈萨克族	刁羊、姑娘追等	7	46	鄂温克族	套马、狩猎、滑等	3
19	傣族	赛龙舟、跳竹竿等	13	47	德昂族	射弩、梅花拳、左拳等	3
20	黎族	打花棍、钱铃双刀等	7	48	保安族	赛马、夺腰刀、抱腰等	7
21	傈僳族	弩弓射击、泥弹弓等	21	49	裕固族	赛马、摔跤、射箭等	7
22	佤族	射弩、摔跤等	12	50	京族	踩高跷、跳竹竿等	5
23	畲族	操石磉、打尺寸等	9	51	塔塔尔族	赛跳跑、爬竿等	2
24	高山族	竿球、顶壶等	17	52	独龙族	射弩、溜索比赛等	11

续表

序号	民族名称	代表性项目	数量（项）	序号	民族名称	代表性项目	数量（项）
25	拉祜族	射弩、鸡毛球等	19	53	鄂伦春族	射击、赛马等	11
26	水族	赛马、狮子登高等	4	54	赫哲族	叉草球、叉草人等	13
27	东乡族	羊皮筏子、羊皮袋等	13	55	门巴族	射击等	1
28	纳西族	东巴跳、秋千等	10	56	珞巴族	射箭、碧秀（响箭）	2

（三）按性质和作用分类

1. 竞技类

竞技类的活动主要是指人们在规定的场所，按照一定的规则，采用规定的器械，进行技术、智力、体力方面的比赛。随着我国体育的发展，有些民族传统体育项目已经被列为全国民运会，这些项目包括珍珠球、龙舟、蹴球、毽球、木球、押加、秋千、抢花炮、打陀螺、武术、马术、射弩、民族式摔跤、踩高跷。作为全国民运会的项目，为了更好地适应比赛的需求，这些运动竞赛又分别设置了单人项目和集体项目。按照这些项目的特点，具体地又可细分为多种类型，比如体能、竞速、命中、制胜、技艺等。

2. 娱乐类

娱乐类的民族传统体育的出现，是以休闲娱乐为目的的，因此相较于其他类型，往往具有较强趣味性。这类体育项目的种类很丰富，不但包括棋艺等相对较安静的活动，还包括投掷、踢打、舞蹈等欢快热闹的活动。具体来讲，棋艺比赛主要是各种棋类活动，包括象棋、围棋等，一般比赛者都比较安静，是一个主要比拼智力的活动；投掷类的包括丢花包、抛沙袋等；踢打类的包括踢毽子、打飞棒等；舞蹈的种类就更加丰富了，包括接龙舞、跳芦笙、耍火龙等。

3. 健身养生类

随着人类社会的发展，人们在对抗疾病方面越来越进步，也就逐渐形成了健康养生类的一些体育项目，主要以强身健体、预防疾病为目的。项目的类型多种多样，例如太极拳、导引术等。由于这类活动一般用于预防疾病或者康复等用途，因此动作轻缓、运动强度小是其主要特点。一般经过人们长期锻炼后，能够增进健康、预防疾病。

第三节 民族传统体育的特点及价值

一、民族传统体育的特点

（一）民族性特点

民族传统体育是各民族文化的积淀，是随着民族发展，在一定的历史因素、人文因素、地理环境因素的影响下产生和发展的。因此各民族的传统体育活动都有着自己独特的形式和风格，各民族之间的传统体育也必然存在一定的差异。这种差异正是各民族不同精神文化和社会关系的体现。不仅体育活动的类型和方式存在着差异，在举行活动的过程中，各民族在服饰、风俗以及礼仪上也大不相同。例如，舞龙的活动在许多民族中都有，但是各民族在进行舞龙时所穿的服饰、举办活动的仪式、对活动的历史传承方面都带有本民族特有的风格和特点，因此民族传统体育具有鲜明的民族性特点。

（二）交融性特点

民族体育的发展一方面是在一个相对封闭的环境中进行的，另一方面在发展过程中也存在一定的开放性，正是由于这种封闭性和开放性共存的情况使民族传统体育形成了一个独特的系统。在不同的文化模式和不同文化类型的共同作用下，民族传统体育得到了一定程度的融合和发展。各民族之间也会有一些体育文化上的交流，在交流的过程中使各自的传统体育文化相互交融，从而体现出民族传统体育交融性的特点。

事实上，民族传统体育项目的产生和发展都是在融合与交流中进行的。以冰上足球为例，冰上足球是在清朝乾隆年间发明的，在当时，为了训练禁卫军，满族人将足球与滑冰相结合，发明了冰上足球，当时这种冰上足球被称为"冰上蹴鞠之戏"。除此之外，还有很多传统体育项目都是在交流与融合之中产生并发展的，我们常见的骑射就是骑马和射箭的融合，另外还有马术和球术融合成的马球运动等。

民族传统体育的交融性除了体现在上述方面外，还体现在民族传统体育文化与艺术的相互融合上。我国的少数民族由于具有能歌善舞并且善骑射的特点，因此产生了很多集技击性和艺术性于一体的传统体育项目。这些项目不但可以起到强身健体的作用，还能愉悦身心。实现了健、力、美的和谐统一。举个例子来说，"跳竹竿"是黎族的一种融合音乐素质和舞蹈技巧的传统体育活动，这种活动就完美体现了民族传统体育在文化与艺术上的相互融合。无论是哪方面的融合，民族传统体育的交融性都使民族传统体育在发展我国体育运动的过程中不断注入丰富多彩的内涵。

（三）时代性特点

回顾我国民族传统体育的发展历史，民族传统体育的发展是随着社会文明的发展而产生和发展的，因此民族传统体育能够适应时代的要求，并且随着时代的发展变化而不断发展变化。

各民族在日常生活和休闲的过程中，逐渐形成了民族传统体育运动的各种项目，这些项目的演变历程实际上同国际奥林匹克竞技运动的历史发展轨迹是基本一致的。20世纪70年代以后，随着我国改革开放政策的实施，无论是在经济上还是在文化上的对外交流更加频繁，西方体育运动项目不断被引进，在这样的背景下，我国部分民族传统体育项目也借鉴了西方体育项目的特征，不断跟随时代的步伐进行改进和完善。许多民族传统体育项目不断丰富自身内涵，吸取和借鉴奥林匹克精神，向着现代竞技体育运动的方向发展，在经历了一段时期的改进和完善后，我国许多民族传统体育已然成为现代竞技体育的项目，并且出现在我国一些正规的体育运动会上。民族传统体育与时俱进的时代性特点，不仅使我国的体育文化更加丰富，而且还对我国的传统文化进行了最大程度的弘扬，从而大大地促进了我国民族传统体育的发展。

在我国辽阔的土地上，生活着56个民族，这56个民族团结一家、亲如兄弟姐妹，也会定期举办一些包含各民族传统体育项目的竞技盛会，比如全国少数民族运动会。少数民族运动会上的项目大多都是竞技性较强的运动。比如武术、射弩、高脚竞速、民族摔跤、踢球等，当然，为了使各民族的传统体育项目得到传承和传播，也会设置一些竞技性不是很强的项目。

随着我国民族传统体育的发展，很多项目都得到了传播和推广，其中最具代表性的就是武术运动，不仅定期会举办一些武术比赛，还将武术编入学校体育教育中，使武术得到了最大程度的发展。除此之外，还有舞龙舞狮运动、那达慕大会等民族传统体育活动在我国一些地区和城市中经常会举行。不仅如此，舞龙舞狮运动早已走出国门，在世界范围内也有着很响亮的名气。在全球化的今天，科技突飞猛进，网络计算机的普及使得这些民族传统体育活动逐渐形成了完整的市场发展体系，这也使其在最大范围内得到了最大程度的发展。民族传统体育活动项目加入学校体育课程，也充分体现了其现代化的时代性特征。

（四）地域性特点

我国幅员辽阔，地理环境多种多样，在全国各地生活着不同的民族，各民族的文化、习俗、生活方式，都受到了地域环境的影响，各民族表现出自己独特的民族特色。自古就有"南人驾舟，北人驭马"的说法，北方地势平坦、开阔，人们的出行工具以车、马为主，而南方则河流多，因此出行工具多为船。可见地形的差别对人们的生产生活方式都会产生各方面的影响。地域的差异使各民族产生的传统体育活动也存在巨大不同。例如蒙古族，草原广袤，蒙古族人民善于骑马、射箭；生活在山地的藏族人民善于攀爬，喜爱登山、抱石头等体育项目；而生活在南方的少数民族则多善于游泳，多热衷赛龙舟的活动。

除此之外，在我国东北地区，由于冬季寒冷，因此冰雪运动比较受欢迎，生活在这里的人们发明了很多滑冰技术。在古代，满族人民开始把兽骨绑在脚底，进行滑冰，后来经过不断改良，兽骨逐渐被直铁条代替，人们将一根直铁条嵌在鞋底，这样大大提高了安全性和顺滑程度，这种鞋就是俗称的"跑冰鞋"。

二、民族传统体育的价值

（一）文化教育价值

1. 文化价值

进入新时代，民族工作的主线与主题也随着时代的发展而发生了转变，当前，铸牢中华民族共同体意识是民族工作的重中之重。纵观历史，无论在哪个历史时期，民族的团结都关系着整个国家乃至中华民族的未来。在新的历史时期，民族的团结工作还涉及农村与城市民族工作，带有鲜明的时代性，其意义深远。我国拥有 56 个民族，正是在这 56 个民族的共同努力下，才有了中国 5000 年灿烂的文明。56 个民族交错杂居，互相亲近，长此以往，便形成了在经济生活和工作生产上互相依存的形势。56个民族的文化不断兼容，为中华优秀传统文化的发扬和继承起到了促进作用。

中华民族自古以来就是一个具有无穷创造力和强大包容性的民族，作为骨肉相连的同胞兄弟，倡导铸牢中华民族共同体意识要求我们坚持民族特色，立足更高层次，凝聚各个民族，团结一致。民族体育工作要紧紧围绕铸牢中华民族共同体意识开展，充分发挥民族体育促进身心健康、增进民族认同、促进民族交融，为实现中华民族伟大复兴的中国梦凝聚力量。

民族体育充分汲取了中华优秀传统文化的养分，独具体育运动魅力，在增进民族认同、铸牢中华民族共同体意识中具有重要价值。我国自1953年以来已成功举办了11届全国少数民族传统体育运动会，其有效地保护和发展了少数民族传统文化，成为了民族间文化融合、民族团结的重要平台与象征，实现了铸牢中华民族共同体意识。

民族体育作为中华优秀传统文化的重要构成部分，在新时代被赋予了传承、转化、实践、服务于社会的历史使命与责任，高校作为文化传承与发展的重要领地，其理应成为中华优秀传统文化传承与弘扬过程中最重要的载体之一，并通过民族体育在高校的传承、发展与创新，推动高校各民族学生之间民族共同体意识的筑立。

2. 教育价值

民族传统体育是伴随人类社会发展而发展的，是带有民族文化特点的文化形式，是各民族通过长期的社会实践不断积累、创造出的体育活动，它反映了不同民族的文化习俗、道德传统、宗教信仰。我国一直对民族传统体育文化的发展十分重视，因为民族传统体育项目蕴含了丰富的文化内涵，具有相当高的课程价值。在学习者学习的过程中，其能够通过课程了解我国民族传统文化，提升学习者的审美能力并丰富视野，是培养学生道德思想和个人品格的重要途径。我国民族传统体育课程内容有很多，如赛马、射箭、摔跤、舞龙、毽球、珍珠球、抢花炮、打陀螺、踩高跷等，内容的合理加入能让传统体育活动不再局限在竞技和球类运动中，能增强体育课程的趣味性、游戏性和健身性。

在高等院校设置民族传统体育课程是大势所趋，高校课程设置通常要兼顾多样化和个体化，课程结构要多元化，因此加入民族传统体育课程能促进课程结构的丰富。但是应当清醒认识的是，当前有些高等院校在实施课程的过程中存在不少问题，让民族传统体育项目的保护受到极大考验。

（二）全民健身价值

民族传统体育中的文化品质与道德风尚是营造全民健身氛围的关键要素。拓宽民族传统体育在体育健身、竞技和娱乐休闲等众多领域中的应用，突出民族传统体育的内涵特色，可为全民健身多元化、现代化提供有效动能。

体育与大众身心健康密切相关。为实现全民健身目标，相关部门不仅要为大众配备完善的体育健身设施，还要挖掘体育文化内涵，营造有利于大众健身的良好氛围。随着全民健身理念不断成熟，体育的健身功能逐渐延伸拓展为健康功能。通过引入民族传统体育项目，体育健身内容得以丰富，大众的幸福感得以提升，彰显了体育对健康的价值。

民族传统体育是一项包含体育竞技、民族文化和娱乐教育的多功能"文化复合体"，同时也是推动民族文化传承的重要形式。与现代体育相比，民族传统体育融合了民族文化和大众习俗，现已发展成为传递体育文化、展示体育审美的重要方式。以现代化的方式展现民族传统体育，可为传承民族文化探寻新的发展空间。

推动民族传统体育与全民健身融合发展，既是推动体育、文化与社会深度融合的体现，也是培育大众形成绿色、健康生活方式的客观要求。我国民族传统体育资源丰富、种类繁多。通过挖掘其中蕴含的民族文化元素，进而转化为大众参与体育健身的重要资源，可推动民族传统体育向全民健康靠拢。全民健身以大众健康为目标，通过赋予体育健身新的健康属性、文化特征，彰显出民族传统体育的多元功能及价值属性。这既满足了大众丰富多元的体育需求，也有效回应了大众对健康的现实诉求。

（三）社会经济价值

1. 经济价值

民族传统体育文化具有经济属性，经济效益为新时代民族传统体育文化的发展注入新鲜血液。丰富多彩的文化资源被开发成体育文化产品及其相关体育服务，有效地促进民族体育文化产业的发展，提高了体育在民族经济中的比重。《关于加快发展体育产业促进体育消费的若干意见》提出，扶持少数民族地区发展少数民族特色体育产业，积极拓展业态，促进体育与旅游、传媒、会展、影视等关联产业的融合发展。新时代民族传统体育文化旅游资源蕴含着巨大的经济发展潜力，可以借鉴先进成熟的市场资本运作手段，通过提供高质量的体育文化旅游产品和特色的传统体育文化服务，提升民族传统体育文化产业的核心竞争力。特色民族项目所孕育的民族传统体育文化在新时代潮流中不断满足人们的消费需求，进一步体现了所蕴含的经济价值。

2. 社会价值

鲜活朴素的民族传统体育文化为当代社会文化注入了新活力与新生机，其当代社会价值的实现是民族传统体育文化自身的延续升华。要实现民族传统体育文化的社会效益，需要最大限度地发挥其正面导向功能，促进民族地区社会和谐发展。新时代民族传统体育文化的社会价值体现在三个方面。一是通过提供丰富多彩的优秀文化产品和服务，引领民族地区体育精神风尚；二是通过发掘数千年来形成的深厚民族体育文化资源，解读和阐释民族优秀传统体育文化遗产；三是开发具有地域特色的体育文化项目旅游资源，加强社会文化互动与融合，进一步促进社会一体化平衡发展。

少数民族地区人们将传统体育休闲文化与农牧区及村寨融合，开发民族餐饮、住宿、歌舞、旅游等服务产品，有利于社会互动与融合发展。例如，土家族的跷旱船，两人手与腿需要较高配合度和协调能力，并以此促进两者之间沟通交流。壮族蚂拐舞祈祷风调雨顺和五谷丰登的价值诉求，促成了人们保护庄稼的社会规则与多子多福的社会生育观，促进了社会整合。高原游牧民族狩猎原始文化体现了丝绸之路体育文化多样性，古岩画中赛骆驼、叼羊、狩猎等，诠释了各民族间社会文化的融合。

（四）生态价值

中华民族传统体育文化生态系统中环境生态、人文生态与空间生态三者紧密联系，我国民族传统体育文化活动的起源是多元化的，是多种文化要素长期共同衍生的结晶，其形成与发展与各民族地区之间的生态环境、部族战争、原始教育方式有着密切的关联，具有原生态性特征，关联于环境生态、人文生态与空间生态之中。民族传统体育文化价值有机融合，可以将民族地区人们生态环境保护意识转化为各美其美和美美与共的高度文化自觉，是中华民族"生生哲学"思想的完美展现。

自古以来，人们通过"了解、敬畏、适度、参赞"的方式，才得以维持生态环境系统平衡发展，使其源远流长。自然和谐的生态美是民族传统体育文化的特色之一。我国民族地区拥有得天独厚的生态资源优势，如喀斯特地貌、戈壁沙漠、草原、黄土高原、雪原，孕育着别具一格的攀岩、赛驼、套马、射弩、威风锣鼓、雪橇等一系列民族传统体育文化活动。保护民族地区生态资源，有利于民族传统体育文化良性发展。民族传统体育项目求人与自然和谐发展，因此，在开发民族传统体育文化资源过程中，既要注重保护生态环境资源多元性，又要重塑传统体育文化的生态自信。

（五）国际传播价值

民族传统体育文化传播是我国特有的各种传统体育文化要素传递和迁移的过程，是各个民族地区间以及国内外体育文化进行交往的富含创造性的精神活动。随着"地球村"理论的普及，人类进入信息时代，全球文化碰撞与文化变迁成为社会向前发展的重要环节。我国民族传统体育文化作为中华民族千百年来沿袭下来的榜样文化，是民族地区社会进步发展的真实写照，具有国际传播学价值。新时代民族传统体育文化通过"孔子学院""一带一路"、博览会、奥运会等多元文化交往平台大力传播，将中国故事完美演绎在世界文化舞台之上，以此促进我们国家与其他国家政策沟通、文化融通、贸易畅通、民心相通，增强我国民族传统体育文化的国际认同感和国际影响力，推动体育文化产业与区域经济合作发展，实现互利共赢，最终提升我国民族传统体育文化软实力。

（六）现代美学价值

1. 人们对于美的表达

民族传统体育既体现了美学的思想与原则，同时又蕴含了美育功能。民族传统体育是在漫长的历史长河中我国各民族与自然社会环境或他族之间相互抗争中产生的、体现的是一种"无意识"的竞争，本质上并不是为了单纯的竞技而制定，因此民族传统体育主要体现的是少数民族对与自然、社会、他人和谐共生的价值追求，是原生态生存环境中人们的精神寄托。少数民族人民将劳作与体育相互结合，精彩纷呈的体育项目与人们日常的劳作密不可分，使人们在生产中锻炼自身的体魄，其相较于现代体育项目，并不是十分依赖体育项目外在的辅助器材与技巧。民族传统体育，让人们直观感受到生命最原始的力量与魅力，体现出了劳动者的力量和价值。

2. 原生态体育蓝图的展现

相较于现代体育项目中借助高科技的成绩评判与记录手段，民族传统体育仍然保留原始的成绩评价与记录手段，例如有的少数民族通过跳竹竿的完美技艺，评选出最终的获胜者。个性化的竞赛评价机制，使民族传统体育个性化的魅力得以充分展现出来。

民族传统体育是少数民族对于历史故事或是先人娱乐方式的创造、改编与优化，更多的是一种感性体现。从少数民族体育竞赛器材配饰、雕刻的图腾上，我们能直观感受到少数民族体育项目与少数民族人们的精神情感是紧密联系在一起的，是少数民族对历史经验与生存技能及原始精神的向往与价值追求。少数民族原生态的体育蓝图中每一个要素的相互联系与作用，共同缔造了民族传统体育文化瑰丽的图景。民族传统体育注重人的主导作用，而现代体育则主要是通过电子设备与精确清晰的电脑技术，细致分析运动员的动作精准度与身体协调性。

3. 少数民族多元的审美格局

民族传统体育的多元化审美格局包含生理格局与文化格局。从少数民族原生态的物质生活环境与条件出发，民族传统体育注重人的主观能动性表达与展现，注重人与自然的生物性平衡，将劳动动作融入传统体育比赛中，使人们在劳动中感受收获的快乐，在比赛中不忘劳作的辛勤。民族传统体育并不仅仅局限在增强人们的体魄上，更注重的是体育项目中蕴含的少数民族人民对于精神世界及价值观念的坚守与追求。民族传统体育项目注重其背后文化价值的揭示与民族意识塑造，通过独特的体育动作、个性精美的体育服装、辅助性的民族体育器材、背景伴奏的民族乐器，各个民族元素相互配合，缔造属于本民族鲜明的体育文化，使人的主观能动性在体育比赛中充分展现出来，为人的主观个性释放与充分展现提供了更加广阔的空间。

4. 现代体育文化的源泉

民族传统体育注重人的个性展示与精神价值追求，这正是现代体育竞技缺乏的重要品质。现代体育项目有许多是从民族传统体育中发展演变起来的，民族传统体育为现代体育内容的扩展与项目外延，提供了丰富的材料来源，可以说民族传统体育是现代体育的源泉。少数民族体育文化中蕴含的"天人合一"的精神追求与和谐竞技的理念，对于现代体育也具有巨大的启发作用。现代体育刻意强调极限力量展示，忽视人的主观个性展示，逐渐弱化人的主观能动性在体育竞技中的作用，使现代体育逐渐沦为创造极限与奇迹的工具。为此滋生了许多体育历史上的丑闻，运动员们过于追求更快、更高、更强与顶峰的荣耀，不惜恶意破坏体育比赛规则，破坏体育竞技的公平公正原则，对现代体育的健康有序发展造成了十分恶劣的影响，不利于现代体育的长久稳定发展。民族传统体育中蕴含着深厚的精神文化内涵，体现的是个性化公平的竞争精神，注重的是竞技与娱乐性的融合统一，对于刻意追求竞赛结果的现代体育具有重要的启发与引导意义。

（七）休闲娱乐价值

休闲是人类社会发展的产物，是社会进步的标志。在人类几千年文明演化的历史进程中，休闲始终占据着重要的文化地位。在如今这个休闲成为主要文化特征的时代，休闲方式日趋多元。民族传统体育在历史文化发展过程中，形成了具有浓郁文化色彩的健身、养生、竞技和娱乐等活动形式。源于特有的地理环境和生产、生活方式，各族人民创造了众多内容丰富、形式多样的体育健身娱乐项目。

随着社会发展和进步，人民的生存和生活条件得到了极大改善，对精神生活的需求日益提高。人们改进和优化了原本以生存和劳动为基础的体育活动，增添了娱乐的成分。人们参与这些活动，既可以强身健体，又可以通过趣味性比赛达到调节生活、休闲娱乐的目的。休闲生活的真正意义在于人们通过对文化价值观的认同和对生活本质的理解、使生命更加丰满。

创造力和想象力是传统体育具备休闲性的源泉，人们完全摆脱生产劳动而创造了大量的纯粹意义上的休闲体育活动。例如，壮族的打陀螺、芭芒燕，瑶族的跳铜铃、打猴鼓，侗族的弹毽、蛇舞，苗族的鸡毛球、跳脚会等，都是人们在田间劳动之余寻求放松的娱乐形式。民族传统体育多以娱乐为内容，以为人的休闲生活服务为目的。劳动之余休闲娱乐的需要是对民族传统体育休闲特征的本质性描述。

第四节 民族传统体育的功能与发展模式

一、民族传统体育的功能

(一)文化传承功能

民族传统体育实际上属于民族风俗文化,因此具有民族风俗文化的特点,一般而言,民族风俗文化是通过人们行为性的感染而进行传承的,因此民族传统体育同样也是通过人们之间的行为一代一代传承下来的。数千年来,在祖祖辈辈言传身教中流传下来大量的民族传统体育,更多的是人们关于文化的一种传承。这种文化传承,能够给人一定程度的亲切感和归属感。其中比较有代表性的就是武术、舞龙、舞狮等运动。这些运动项目在全国乃至世界华人中,广泛受到认可和喜爱,尤其武术被世界人民称为"中国功夫",备受推崇,武术之所以能够长盛不衰,其主要原因之一就是以爱国主义为核心,能够反映重德、务实、自强、宽容的民族精神。由此可见,一个民族的性格特色和喜好,都能够在该民族传统体育文化中有所体现,而这些民族性格特色和喜好也会随着民族传统体育不断传承下来,从而形成民族独具特色的文化。这也在一定程度上说明了民族传统体育具有文化传承功能。在全球经济一体化的今天,这种文化传承功能也随着我国国际地位的提升,不断被世界人民所认可。

(二)人文教化功能

教化就是指教育与感化,我们常说的民俗教化功能,就是指人类个体在社会文化发展过程中,民俗文化所起到的教育和模塑作用。

"中华民族传统体育作为一种具有深刻的历史内涵和丰富活动内容的文化类型,在儿童启蒙、劳动教育、道德修养和审美情趣的培养等方面都发挥着不可替代的作用,从而保证了其社会文化价值的实现。"而民族传统体育活动本身就是各民族通过体育运动的方式来进行自我集体教育和集体娱乐的文化生活方式。在参加活动的过程中,无论是参与者,还是观赏者,都怀着强烈的民族自豪感积极地投入到了各种民俗体育活动中,使人们在心灵上得到净化和升华。这无疑也是在潜移默化地接受着教育和感化。像有着几千年历史的龙舟竞渡活动,在楚文的影响下,形成了纪念爱国诗人屈原的传说,这种传说歌颂了爱国主义精神、歌颂了无私奉献精神,以及期盼国泰民安的美好祝愿,这些民俗活动都具有深刻的道德教化功能。因此,民族传统体育活动也成为了中华民俗文化代代延续的主要载体。"一个婴儿在降生后第一眼看到的就是民俗事物,首先接触到的也是民俗事物,可以说从此开始就在事物中一直生活下去,直到停止生命活动,仍然要在民俗仪式中安葬,送入天国。"

(三)健身娱心功能

各种民族传统体育的体育活动都具有很高的观赏性,同时还具有显著的强身健体功能,它是寓健身活动于娱乐之中。民族传统体育的健身性和娱乐性是由体育的竞技性和表演性所决定。千百年来,其健身娱心的功能得到了社会各界的普遍重视,它渗透在我国民俗文化的各个角落之中,影响着人们的文化生活。同时我国的民俗文化,也为民族传统体育的发展提供了空间。如秋千、拔河、蹴鞠、竞渡、射箭、棋戏、乐舞、百戏等民族传统体育都得到了空前的发展。另外,通过民族传统体育活动也可以陶冶人的情操,磨炼人的意志,沟通人的情感,能够真正起到健身娱心的功能。"人们在每次活动中,不仅身体得到了锻炼,而且在道德感上得到洗礼,意志得到锻炼,精神上得到满足。这种深刻的心理体验过程和特点,在一般体育活动中是难以亲见和领悟到的。无疑既有益于心理上的净化,也有益于体质的增强。"

(四)精神激励功能

民族精神是民族特质的凝聚和集中表现,是一个民族漫长经历的历史积淀和升华,它渗透到民族的整个机体里,贯穿在民族的全部历史长河中。民族传统体育由于其特殊的历史渊源,对于中华民族的所有成员也具有强烈的精神激励功能。民族传统体育活动能够激发中华民族的每一个成员团结爱国、拼搏向上的民族自尊心、自信心和民族自豪感。因此,它也理所当然地成为维系全民族共同心理、共同价值追求的思想纽带。正如张岱年先生所指出:"正确认识民族文化的优秀传统是提高民族自信心的主要依据","如果一个民族不具备文化优秀传统,或者虽有文化优秀传统而本民族的人民对之无所认识,那么这个民族的人民是不可能具备民族自信心的,而如果一个民族的人民缺乏民族自信心,也就不可能具有民族的自尊心自豪感，那么这个民族的前途是没有希望的。"因此，民族传统体育作为弘扬民族精神的重要手段，不仅可以规范和引导民族每一个成员向前发展，保证着社会的安定有序，而且还可以把整个民族紧紧地凝聚、团结起来，使民族每一个成员同心同德朝着一个共同的目标前进。

（五）民族凝聚功能

"共同的民族体育习俗，往往把同一民族同一地区的群众吸引在一起，自然而然地产生一种认同感和亲合感。"民俗不仅统一着本民族成员的生活方式，更为重要的是维系着群体或民族的文化心理。每一个民族或社会群体，都生活在特定的自然条件与社会环境中，有自己独特的历史道路，因而形成了特定的集体心理。在内蒙古各地举行那达慕大会时，周围牧民往往乘车或骑马，倾家出动，前往观看传统三项赛，这也给比赛增添了许多民族团结的气氛。再如，"龙"是中华民族的象征，"舞龙运动"不仅在民间是节日吉庆的娱乐活动，而且已经上升为反映华夏民族大团结的一种象征。按照古代画龙"三停九似"的说法，龙"角似鹿，头似驼，眼似兔，项似蛇，腹似蜃，鳞似鱼，爪似鹰，掌似虎，耳似牛"。通过我国关于"龙"的相关论述，我们可以了解到，"龙"实际上是中国人根据想象创造出来的具有象征性的虚拟形象，是多种动物的组合体。这在侧面也反映了中国文化"多元一体"的特点。相应的，也就是说我国有56个民族，这56个民族实际上就是一个统一的整体。事实上，舞龙活动就是靠着多人的相互配合才得以实现的，这正是反映了中华民族相互统一、团结合力的精神内涵。因此，舞龙这一民间体育活动对民族精神的凝聚和扩展起到了积极的作用。说到这里，我们不得不提到海外华侨团体，在海外华侨区，舞龙运动已然成为一种节日里的普遍开展的欢庆活动，人们聚在一起，接受中华传统文化的熏陶，使其炎黄子孙的民族认同感不断加深，中国舞龙运动早已超出了它本身的娱乐功能，而成为中华精神的象征。将海外的炎黄子孙的心凝聚在一起，使其同心同德，朝着共同的民族目标努力奋斗。

二、民族传统体育的发展模式

（一）民族传统体育竞技化模式

中华民族传统体育文化已经有数千年的历史，之所以能流传至今，是因为其顺应发展的规律，符合我国发展的国情，在进入新时期以后，国家更加重视中华民族传统体育的发展，但是面对新时期的国际和国内实际情况，中国民族传统体育的发展目前面临着一个困境——与现代体育文化脱节。面对这样的境况，中国民族传统体育亟需以一种适应时代发展的模式展现在世界体育文化之中。因此，对中华民族传统体育进行竞技化模式的改革迫在眉睫。这就要求我们本着科学求实的态度，摒弃不科学、不符合时代发展的因素，站在世界的高度对中华民族传统体育文化进行再审视，积极参与世界文化交流。在对中华民族传统体育进行竞技化模式改革的时候，要借鉴现代竞技体育的一些规则、运动战术、教学手段等，对民族传统体育项目进行改造、完善、整合，使其在保留民族性的基础上展现时代特色。

20世纪80年代，随着改革开放政策的实施，我国与国际的交流无论是在经济上还是在文化上都不断加强并且更加深入，这为中华民族传统体育走向世界提供了条件。在今天，全球一体化加强，经济高速发展，中华民族传统体育的发展处在一个全新的环境，要想得到发展，就要积极利用现代手段，借鉴现代体育的先进发展方式，融入世界，使中国民族传统体育文化与世界文化共存共荣，不断发展。

回顾民族传统体育的现代发展进程，在1949年以后，我国民运会开始普及，并且到今天依然存在，民运会之所以能够经久不衰，很大一部分原因就是民族传统体育本身具有独特的文化。到目前为止，民族体育运动会制度已经在我国各省市自治区开展，这为民族传统体育项目提供了展示自我的舞台。从已经举办过的民运会上的获奖情况来看，往往一些民族传统体育项目能够显示出一定的民族优势。举个例子来说，蒙古族在马术、摔跤方面明显占优势，这取决于蒙古族的民族特色。

民运会能够得到长期的发展，除了民族传统体育本身所具有的独特文化外，民族传统体育的多样性也是其中一个重要的原因。也可以说，民族传统体育的多样性使民运会的项目更加丰富，可以说是民运会存在的前提。中国幅员辽阔，地域特点多样，最大的河谷平原上发育的文化成了中国文化的主体，除此之外，还有草原文化、森林文化、高原文化、海洋文化以及游牧文化、渔猎文化等。这些边缘文化又衍生出各种各样的文化传统，从而造成了中国传统文化的多样性。每个民族都有自己的文化特点，都在努力发展自身具有民族个性的文化，只有这样才能使自己能够立于世界民族之林，其中就包括民族活动。假如蒙古族停止了"那达慕"大会，傣族也不再有泼水节……对于民族文化来说，那将是巨大的损失。

（二）民族传统体育生活化模式

随着社会的发展，科技的进步，人们生活水平的提高，生活方式的变革，使得人们的价值观念也发生了变化。这种变化也成了促使民族传统体育现代化发展的社会需求动因。民族传统体育生活化模式具体来讲，当一个国家或者民族的体育形式想要被世界上更多的人所了解和接受。就首先要在自己的国家或者地区拥有广泛的群众基础，以生活化模式发展也是民族传统体育可持续发展的重要方式。

随着工业化的发展，人们的生活水平得到了巨大的提高，但随之而来的就是对人们健康的影响。现代社会所谓的"文明病"也随之而来，这些都使得人们清醒地认识到"生命在于运动，健康在于锻炼"的体育理念。人们开始重视体育锻炼，以求获得健康的体质。在这样的需求背景下，集民族艺术、审美观、民族情感于一身的民族传统体育吸引了人们的眼球。另外，民族传统体育还蕴含着深厚的健身观和古朴自然的娱乐性，从而能够为人们繁杂的生活增添丰富多彩的乐趣。

民族传统体育不仅具有丰富的内涵，肩负着重要的社会责任，即提高人类自身质量。在 21 世纪，民族传统体育还逐渐成为人们追求身强体健的基础。其中最具代表性的包括武术、太极等。早在 20 世纪 60 年代的时候，以武术为代表的中华民族传统体育文化就已经走向了世界，在当时西方人疯狂地对人们的健康生存权进行吞噬，为求自保，人们开始学习武术。在今天，作为中国古老的运动——太极拳也已然走出国门，在国家范围内得到了世界人民广泛的认可和喜爱，甚至一些国家的政府倡导把太极拳作为一种健身防病的手段，并且在这个举措下，使自己的国民身体素质得到了提高。从而使得民族传统体育以生活化模式在全世界范围内展开。

事实上，我国的民族传统体育项目有近千种之多，形式上更是丰富多彩，堪称世界之最。民族传统体育在活动方式上拥有现代体育项目所缺乏的灵活性、独特性、趣味性。在目前看来，大多数竞技运动项目在不断发展，越来越接近杂技化，而且在资金耗费方面也变得更加巨大，这就使得大部分群众对很多竞技项目只是观赏，由于受到场地、经费、技能学习等因素的制约，这些竞技体育项目无法真正走进群众中。因此，着眼群体体育、走健身娱心的民族传统体育生活化道路是体育短暂异化的回归，也是顺应社会需求的发展道路。

传统体育生活方式实际上可以认为是一种文化模式。这种文化模式是在民族文化中不断积淀下来的，其具有时代赋予它独特的特点，即顽强的生命力和稳定且坚韧的结构形态，并且这些特性随着民族传统体育的发展世代传承。我国拥有56个民族，每个民族由于其地域环境不同，在风俗习惯、宗教信仰等方面也存在着差异，基于这些差异，各民族产生了丰富多彩的节日活动。很多节日活动无论是祭祀类的还是娱乐社交类的都与民族传统体育密切相关，甚至有些节日活动是以民族传统体育项目命名的。举个例子来说，侗族生活在贵州、广西、湖南三省交界地区，其最热闹的传统节日就是"花炮节"，在节日里，人们会燃放各种各样的花炮。又如，广西壮族人民每年都会举行一项体育盛会——陀螺比赛，而比赛的这天就是"陀螺节"。除此之外，还有一些少数民族传统节日，虽然没有采用体育项目命名，但是节日里也包含了众多体育元素。可以说，节日为体育提供了展示的场所，而体育又为节日增添丰富多彩的内容。两者相得益彰。

在我国，民族性的传统节日太少，可能是世界上最少的。现代国家的节日有三个主要来源：政治性的、宗教性的和民族传统节日。岁时节令及习俗是民族文化传统的重要组成部分，是增强社会成员的文化认同，保存、传递文化传统的重要途径。中国的传统节俗是可以与现代生活合拍的，世界各地的华人，都以大致相同的感情和习俗度过春节、清明、端午、中秋、重阳这些传统节日。在一些华人地区和国家，不少民族节日已经成为法定假日。因此，利用节假日、周末、交易会，因地制宜地开展丰富多彩的群众性体育活动，是民族节日中不可缺少的重要内容。我国也可以通过立法，拟考虑把元宵、清明、端午、中秋等中国传统节日作为法定节日确定下来，使之成为春节之外的一些重要的民族节日。丰富多彩的民族节日与传统体育活动是我国全民健身运动的合理内核，将为中华民族传统体育走"生活化"模式的道路奠定坚实的基础。

(三)民族传统体育市场化模式

进入 21 世纪后,随着全球化的发展和科技的进步,人类进入了智能时代,也就是第三代生产力时代。建立文化和经济崭新的关系是第三代生产力的标志,这个崭新的关系是指"文化的经济化"和"经济的文化",这个崭新的关系使得经济和文化在当今呈现出文化经济一体化趋势。具体来讲,"文化的经济化"就是在文化发展中,将文化引进市场和产业中,使文化逐渐具有经济、商品等要素,将文化的商品性开发出来,使文化具有经济性能,能够成为社会生产力的一部分,从而推动社会经济的发展。

市场经济的发展给中华民族传统体育提供了新的发展机遇。大量事实证明,体育已成为应对现代工业社会对人体可能造成的健康危机的首选方式。不同年龄、不同性别、不同职业、不同健康状况的人们,所选的体育手段和方法可能各不相同,但追求生理和心理健康的目标却是一致的。中华民族传统体育只有顺应市场经济的发展要求,才能获得生存与发展。

中华民族传统体育要发展就必须面向市场、面向大众。大众消费的潜力是体育发展的动力,只有大众体育消费才有体育事业的前途。面向大众,从人群来讲,第一,社区将是我们今后发展的重点,尽管现在社区体育发展不尽如人意,但社区的发展将是中国未来发展方向,是提高人民生活质量的一个通道。第二,农村体育必须得到重视,如果中国的现代化将农村和农民排斥在外,必将是一种"伪现代化",中国体育亦是如此。现在农村体育是非常薄弱的,但是市场潜力很大。将一些民族传统体育项目进行合理开发利用,则能为大众的身心健康服务。

随着经济的精神化,起决定作用的已不再是物质生产,而是如何借助物质载体更好地满足人们的精神需求。各行业部门在借助大众传媒给自身带来巨大效益的同时,也带动了传统物质生产的精神经济改造。如在民运会比赛期间,体育用品和体育纪念品的生产销售保持强劲的增长势头。从运动鞋、运动服装到体育用品、健身器械等不一而足。

不同体育项目有不同的产业化方式,不能套用一个模式。体育也分为企业式经营的、事业式经营的,也有完全公益性的。体育产业起码要划分为两大部分,一是体育活动自身的经营,如广告、门票收入、体育中介经纪等;二是与体育相关的产业,如运动服装、体育器材、体育保险、运动旅游、体育彩票等。体育产业有本体的，也有为体育服务的，还有很多具体的分类。不同情况，体育产业化程度不一样，方式就不一样。国家进行体育管理，就有一个协调各种体育产业类型使之全面发展的任务。

就产业化而言，长年存在于人民日常生活中的民族传统体育，深受广大群众喜爱，有着广泛的群众消费基础，加之民族体育投入少、价值低，在目前的经济水平下，符合大众的消费能力。因此，一些已具备市场发展条件的项目或活动可以进入市场开发。现阶段，一些民族传统体育项目已经走上了产业化道路，如舞龙、舞狮等，并实行了较好的市场运作方式。

中华民族传统体育因其独特的魅力，经济开发价值非常大。如果能够很好地运用市场规律，学习和借鉴一些项目和团队率先走入市场的经验，引入良好的现代运作手段和形象包装，逐步把具备市场前景的一批传统体育运动项目推向市场，可以更好地促进自身的发展。

第二章　民族传统体育文化的探索

本章为民族传统体育文化的探索，主要讲述了四个方面的内容，依次是民族传统体育文化的内涵、民族传统体育文化的本源分析、民族传统体育文化发展困境、民族传统体育文化的发展路径探索。

第一节　民族传统体育文化的内涵

一、物质文化内涵

随着民族传统体育的不断发展，人们对民族传统体育的重视程度越来越大，更多的专家学者们加入对民族传统体育的研究中，他们一致认为民族传统体育的形成适应了人们的需要。

我们已经了解，民族传统体育源于早期的生产劳动，因此无论哪个民族的传统体育，从人们需求的角度上来看，都具有一定的相似性；但是由于各民族生活的地域环境有所差别，因此其产生的传统体育项目类型也会有所不同，并且都带有地域性。

（一）运动器材、器械设备方面

民族传统体育的物质文化内涵首先表现在运动器材和器械设备方面。我国民族传统体育项目众多，有的对运动器材、器械设备的需求量比较大，但有的却没有需求。以武术为例，武术运动中常用的器材、器械包括刀、枪、棍、棒等，这些器材都经历了数千年的历史，经历了历朝历代习武者的改进、完善，从而才有了今天比较成熟的外观。今天我们所使用的武术运动中的一些器材都是几千年来人们智慧的结晶,是历代人们经过不懈的研究而获得的,在人们研究这些器材的过程中,反映出了中华民族的文化内涵。

除了武术之外,还有一种民族传统体育对器材有着一定的要求,那就是风筝。风筝在我国自古以来就是一项流传甚广的体育活动,在古代也有很多描写放风筝的诗句,可见风筝在民间的普及程度。说起风筝这一项民族传统体育项目,不得不提的是北京、天津、潍坊三地的风筝,这三地的风筝是最具特色的。

首先,在北京风筝中,又数金氏风筝和哈氏风筝最为出名,虽然这两种都是北京风筝,但在做工和缝合方面却各不相同,都具有自己独有的风格:一般来讲,在造型方面,金氏风筝造型雄伟,哈氏风筝的骨架比较精巧;在画工方面,金氏风筝的画工比较粗犷。而哈氏风筝的造型则比较素整。

其次,在天津风筝中最出名的是魏元泰和周树泰做的风筝。两人所做的风筝风格各异,极具自己的特色:魏元泰做的风筝大多精巧别致,画面也是以生动优美为主;周树泰做的风筝则是以汉字风筝最为出名。

最后,潍坊风筝。潍坊风筝样式繁多、工艺精巧、画工浑厚淡雅,广受大众喜爱。花鸟鱼虫、人物百戏应有尽有。

(二)民族传统体育的文献典籍

对于民族传统体育的研究,往往离不开史料典籍。人们想要了解民族传统体育除了实地考察以外,查阅文献记载也是主要的获取相关信息的方式。这个方法就是文献资料法。观察不同时期的关于民族传统体育的记载,我们能够了解到当时民族传统体育的发展概况。

纵观史料,我们不难发现,每个时期都有能反映该时期特点的民族传统体育项目。关于骑射的最早记载,我们可以追溯到《周礼》中的相关记载,里面详细记载了舞和射、御的考核内容。民族传统体育随着时代的变化不断发展,人们对民族传统体育越来越重视。到了近代的时候,关于民族传统体育的记载越来越多,方式也多种多样,囊括了图谱、秘籍、各种史料和地方志等。其中最具代表性的要数《中国民族传统体育志》,这里面记载了各民族传统体育项目,是一部有关民族传统体育的大百科全书。在书中,我们可以找到各种民族传统体育项目的详细介绍。因此,这部书对于研究我国民族传统体育运动项目有着重要的参考价值。

（三）出土文物、壁画及民族服饰

除了器材和文献典籍，民族传统体育的物质文化内涵还体现在考古出土的一些陶瓷和壁画上。近些年来，随着考古的发展，越来越多的古代文明被发现和出土，在一些陶瓷和壁画中出现的有关民族传统体育的资料，就是我国历史长河中民族传统体育不断完善和发展的佐证。在这些出土的文物中，我们可以了解到最早的体育活动是在母系氏族社会时期，那时候出现的"石球游戏"就是早期社会体育项目的雏形。这一论断是根据西安半坡村北"半坡遗址"内发现的"石球"而来的。

二、精神文化内涵

（一）团结协作

团结协作即成员间具有集体意识、配合意识和奉献精神。民族传统体育文化包含着团结协作的价值观，如侗族舞草狮就包含着浓郁的团结协作价值观，它流传于龙胜侗族自治县平等乡广南村，是一种集武术、舞蹈、鼓乐等多种元素于一体的民族传统体育文化项目。每头狮子由两人共同协作表演。一人舞头，一人舞尾，二人在锣鼓节奏带动下，利用人体的灵活姿态，演绎精彩情节。侗族舞草狮需要高度的团队协作精神，不仅要求舞狮的二人要做到配合默契，更需锣鼓伴奏配合，协助舞狮的二人完成复杂的高难度动作，体现出高度的配合意识和奉献精神。再看桂西北侗族、苗族和水族共有的多人花毽，将团结协作价值观展现得淋漓尽致。多人毽球比赛需要大家团结协作，特别讲究队员之间的配合意识。训练或比赛时水平不一样没关系，只要大家集体合作，通过长时间磨合，竞技水平就会一步步提高上来。但如果缺乏团队协作精神，便会产生"内耗"，难以获得理想成绩。我国民族传统体育文化之所以富含团结协作精神，主要是由于民族传统体育文化所在的——传统村落的族群居民一般聚居而住，大家相互守望、共同劳作，有事时大家相互帮忙，农闲时节大家共享时光。这样年复一年，自然而然形成了休戚相关的协作关系与日久弥坚的向心力。这样的聚居环境所滋生出的民族传统体育文化，自然地包含团结协作的精神价值观。

(二) 吃苦耐劳

很多民族传统体育项目（特别是表演性体育项目）具有高技术难度，需要不断进行艰苦习练才能获得娴熟的技艺。如田阳的壮族舞狮、三江的侗族斗牛、融水的苗族芦笙踩堂、环江的毛南族马革球等，都需要练习者具备吃苦耐劳精神，长期练习才能掌握其精髓。田阳的壮族舞狮难度极高：在一个3米高的舞狮木架上，两边布满两排锋利的尖刀，顶部是一个狭小平台，表演者上身赤裸踩踏刀锋爬至木架顶部后，以顶部的尖刀为支点，四肢悬空在刀尖上，如陀螺般飞快旋转，随后舞狮者在刀架台的顶部模拟雄狮的各种动作。如此高难技艺，没有长期刻苦磨砺，是不可能练出来的。再看三江的侗族斗牛：表面上是牛在场上斗，但背地里是场下人的选、养、训的较量，这需要斗牛者吃苦耐劳地艰辛付出。又如苗族的芦笙踩堂：吹奏芦笙的同时，需作滚翻、倒背、吊挂、"倒栽葱"等绝技，这样的技艺需要数年艰苦摔打才能磨炼出来。再看环江的毛南族马革球：参赛者需以高脚马为器具快速奔跑、传球、接球、射门……这不仅对高脚马基本功有一定要求，而且在踢球、传球、接球等方面也需要硬功夫，需要长期刻苦练习，才能娴熟掌握运动技能……综上所述，吃苦耐劳是我国民族传统体育文化包含的重要价值观。

(三) 顽强拼搏

我国民族传统体育文化大都滋生于条件艰苦的村寨聚落，与生俱来浸染着顽强拼搏的价值观。如壮族的古壮拳、侗族的舞草狮、苗族的斗马等民族传统体育项目皆富含顽强拼搏价值观。南丹县的古壮拳，是一种流传数百年的壮族拳种，最远可追溯到古骆越时期，是壮族先人用于军事训练的拳术。古壮拳之所以声誉良好，靠的就是一往无前、无所畏惧的拼搏精神。再如龙胜的侗族舞草狮，其制作工艺体现着侗族人的顽强拼搏精神：用篾刀将竹子劈成宽度适宜的篾条，用篾条制作狮头支架，用糯秆制作草绳若干；再用稻草绳编织狮子部件——牙、耳、鼻、舌、眼睑、脸颊、狮毛等；再用草绳连接组装各部件，制作成一只完整的草狮。一只草狮道具的制作用时超过一个月，这需要制作者极大耐心与毅力。另外，舞草狮训练强度高动作难，单调枯燥。舞狮者在锣鼓伴奏下，穿着特制草狮道具，模仿狮子喜、怒、哀、乐等动作形态。但这看似简单的动作背后，是日复一日的训练，需要耐得住单调与寂寞。舞狮套路繁多，不仅仅展示出侗族人独特的体育技艺，也展示出侗族人顽强拼搏的价值观。

（四）公平竞争

公平竞争是我国民族传统体育比赛的一个基本规则。有的人认为与现代竞技体育相比，我国民族传统体育项目在公平竞争性方面表现不突出，这是片面的，我国传统体育项目有很多能较好地体现公平竞争。如侗族的抢花炮和斗牛就具有很强的公平竞争性，它们都具有完善的竞赛规则，虽然这些规则大都属于非正式性质，但是都有专人裁判，注重比赛公平性。再如壮族的抛绣球、侗族的踢花毽、仫佬族的竹连球、毛南族的马革球等，也都富含公平竞争价值观。参赛者都具有公平竞争意识，公平竞争带来的不仅是美好的比赛体验，还有由公平竞争内生出的精神与力量。只有公平竞争才能在比赛中巩固强化人们的团结与友谊。再看河池、百色一带的古壮拳，也蕴含着浓厚的公平竞争价值观。壮拳比赛有一定的规则，尽管这种规则是约定俗成的，往往较为简单，却能够清晰规范人们的比赛行为。通过比赛历练，人们不仅养成了公平竞争习惯，还培育出相互尊重、相互配合的团队精神。

（五）精益求精

民族传统体育的"精益求精"价值观，主要体现在器物制作和动作练习两个方面。

1. 在器物制作方面

民族传统体育崇尚工匠精神。如天峨县三排镇纳洞村的壮族蚂拐舞的使用器具——壮族铜鼓，其工艺精湛，鼓面、鼓身形状分别为圆形和曲面，鼓腰为弧线，鼓面的蚂拐图腾、太阳纹等栩栩如生，鼓身上的水波纹、人物、动物等清晰别致，体现出精益求精的造物智慧与工匠精神。再如龙胜的侗族舞草狮，采用当地生产的糯稻禾秆编扎草龙，其头部栩栩如生，龙齿尖利生猛，麟片金色灿灿，龙眼威风凛凛，整个舞草龙道具就是一件完美的民间工艺品。而苗族的芦笙柱是苗族坡会活动必不可少的图腾器物，其上雕有葫芦、神龙、神鸟、水牛角等具有象征意义的吉祥物，把苗族人追求完美的价值观体现得淋漓尽致。再看瑶族长鼓舞的表演器具，其制作更是追求完美的典范。长鼓的尺寸有大有小、外形有胖有瘦，其材质千差万别，不同材质、不同形状、不同大小的长鼓，发出的声调各不相同：有的低沉稳重，有的高方活泼，无论是独奏还是合奏，都具有极强的表现力。折射出精益求精的价值观。

2.在动作习练方面

民族传统体育崇尚精益求精。如天峨县纳洞村壮族居民所精心创编的蚂拐舞，包含着打皮鼓、蚂拐出世、敬蚂拐、拜铜鼓、耙田、插秧、薅秧、打鱼捞虾、纺纱织布、庆丰收等稻乡农耕生活情节；再如龙胜广南村的侗族舞草龙，包含祷告、行云、求雨、取水、降雨、滚龙、返宫等民间信仰内容。无论是壮族的蚂拐舞，还是侗族舞草狮，其动作造型、动作组合、动作连接等都极具匠心，充分运用手、眼、身、步四法，深度表现出精益求精的价值观。

三、其他内涵

（一）历史内涵

民族传统体育是社会发展的产物，有着数千年的历史，在历史发展中占据着重要的位置，是人类历史发展过程中保留下来的体育文化财富，也是中华民族非物质文化遗产中的瑰宝，对现代社会体育运动的发展具有借鉴作用。历经数千年，民族传统体育不断被传承下来，在其以独特表现形式传承下来的过程中伴随着对当时文化历史的传承。因此，民族传统体育的传承蕴含了各民族在该民族传统体育文化的发展和继承上所做的努力，是对自己民族传统历史文化的延续，因此也可以说民族传统体育发展史是人们了解和研究民族传统文化的无形历史史料。

历史内涵是民族传统体育文化的基本内涵。我们知道，民族传统体育文化是在历史发展中不断传承和完善的，历史是民族传统体育文化存在的根基，也是民族传统文化得以传承的基础，没有了历史内涵，那么民族传统体育文化的内涵就没有了依托。

（二）情感内涵

情感是所有文化得以传承和延续的依托。有了情感，文化才有了灵魂。情感的注入，可以增加文化的活力，从而使文化充满生机。民族传统体育文化是各民族在生产生活中不断产生并发展，往往会存在一定的地域特色，正因为如此，民族传统体育文化的发展是各民族对自身民族情感的表达，体现在各民族对该民族传统体育文化的地域情结上。举个例子来说，武术无论是在南方还是北方，自古以来就比较盛行，可以说是一项传播最广泛的传统体育项目了。自古以来就有"南拳北腿"的说法，这个说法充分说明了不同地区人们不同的性格特征，也在一定程度上，阐明了我国民族传统体育文化中所具有的情感内涵。具体来讲，"南拳"是指南派的武术注重灵巧快速，技术风格迅疾紧凑，追求短桥寸劲，这一特点充分体现出南方人机灵的性格特点；而"北腿"是指北派武术舒展大方，技术风格大开大合，不拘小节，也充分展现了北方人沉稳的性格特点。

除此之外，民族传统体育的情感内涵还表现在运动器械的制造上面。具体来讲，在各民族的民族传统体育项目器械方面，就算是相似的体育项目，我们也能够很容易看出其中的不同之处，这正是其民族性格的内在反应。举个例子来说，舞狮活动在我国的北方和南方都会举行。在狮子的造型方面实际上存在着相当大的差异，即南狮造型轻灵，颜色炫丽；北狮造型厚重，显得朴实无华。无论是舞狮中相关的武术动作还是在器械制造特点上，都能够显示出南方和北方人在性格特点和喜好上的差别，从这些差别中，我们能够发现其带有独特的情感内涵，南北方人民在进行武术动作的设计和狮子造型的构思上，都是结合了自己民族或地区独特的风格，可以说是倾注了各自的民族情感后开发出来的结果，因而带有浓重的民族性与区域特征。换句话说，民族传统体育本身的情感内涵是具有一定张力的。因此，南狮与北狮在武术动作设计和器械造型构思方面，都是南北方人民对自己民族传统体育的情感内涵的挖掘，在还原民族传统体育项目意蕴的同时，与时俱进，突破现阶段体育项目的同质化，在竞赛、商演、娱乐等为主要传播方式的基础上，使各民族的传统体育项目实现求同存异。南狮和北狮所蕴含的情感内涵，不仅彰显了该项运动本身所具备的历史性，还保留了其在情感层次的独特品性。

（三）科学内涵

进入 21 世纪后，无论是社会科技还是人们的思想认知，都得到了巨大发展，人们越来越注重科学的发展，也越来越注重事物发展的科学性，一时间"科学"这个词汇已经成为人们判断事物发展趋势的依据。也就是说，一个事物本身的合理性和科学性是判断这个事物能否进行良性发展的重要标准。因此，从事物发展的角度来看，民族传统体育在数千年的发展历史中不断被完善和继承，其中所包含的技术动作、比赛形式，以及器械制作方面都是集合了数代人的智慧，之所以能够经久不衰，并且延续至今，就是因为其本身存在一定的科学性。纵观我国民族传统体育项目，有许多都是经过了科学验证的。举个例子来说，太极拳就是极富科学性的运动，在强身健体和养生方面有着积极的功能。不仅如此，太极拳还能对现代医疗进行辅助治疗，对防治未发生的疾病、康复训练等都有较好的作用。又如象棋、围棋，是属于一种益智的活动，具有智力开发的功能，因此在人们进行象棋和围棋的活动中，不仅娱乐了身心，还能够开发大脑。因此，民族传统体育文化有着丰富的科学内涵。

民族传统体育文化的科学内涵，除了在事物发展的角度有所体现外，从政治、经济、文化角度来讲，也有深刻的体现，具体如下所述。第一，从政治角度来看，随着我国社会发展，国家对体育的重视程度越来越高，在不断出台一些体育方面政策的同时，更是将部分特色鲜明的民族传统体育项目列入非物质文化遗产名录之中。这一举措充分说明了这部分民族传统体育项目顺应了时代的发展，符合现阶段我国社会发展的规律，具有一定的科学性。第二，从经济发展的角度来讲，我国近年来对体育活动的重视程度不断加深，国家也积极大力发展体育事业，在不断加强与国际交流的同时，积极发展民族传统体育，并且开发和利用了一些极具民族特色的民族传统体育项目，使我国的体育事业在得到不断发展的同时，能够彰显自己的民族特色，树立自己的品牌。第三，从文化角度来看，近年来，中小学的体育教学过程中，引入了很多民族传统体育项目，一来从学生做起重拾传统，继承优良的传统。二来，最大化地实现民族传统体育中的科学价值，从而更好地促进青少年道德品质的提升。

第二节　民族传统体育文化的本源分析

中华民族文化的一个重要部分就是中华民族传统体育文化，它在长期的我国各个民族的生产和生活实践中积累形成，作为一种文化形式，它还具有一定的体育内涵与外延。民族传统体育文化在我们的民族发展过程中发挥了特殊的作用，民族向心力的凝聚、民族价值的认同和民族精神的纵向复制是民族传统体育文化深层文化内核。近代以后我国的传统文化因中国文化坎坷的发展历程，一度经历了身份辨认的危机。我国民族传统体育文化发展的日渐衰微也因受到体育运动的城市化和全球化进程影响而加速。作为组成中国文化的一个重要部分，传承与传播民族传统体育文化，不仅与我国民族传统体育的发展密切相关，更是影响着对我国民族文化基因的传承。在某种程度上，本源决定着一种民族传统文化的特征与传承方式，而本源就是指民族传统体育文化的产生基础和基因血统。

一、民族传统体育文化的文化原点和社会结构

把商业文化、农耕文化和游牧文化作为人类文化的三个源头，这个观点由建立在农业文明基础上文化体系的文化研究界在考虑自然环境导致的文化差异性后提出并使用。受特殊地理环境的影响，农耕文化成为中华文化的源头。位于欧亚大陆东部、太平洋西岸的中国大陆，领土中大部分地区都处于北半球的中纬度地区，不仅拥有复杂多样的地形，而且季风气候覆盖了境内大部分地区，气候温和，雨量充沛，非常适宜人类的居住。古代以农业文明为基础的社会生产和生活方式在这样的自然环境下诞生了。

史学家们考古发掘的成果显示："在距今七八千年前中国先民的主体就逐渐开始超越了狩猎和采集的生产生活方式，转入以锄耕和种植为主的农业社会"。在殷墟的甲骨文中就存在关于"农耕作为主要生产方式"和"稻、麦、桑、蚕、稷"等诸字的记载，"日出而作，日落而息，凿井而饮，耕田而食"诗句也记载在先秦时期民间流传的《击壤歌》中。中华文化的基础自此形成，它就是以耕读渔樵为代表的农耕文明。人们精耕细作、自给自足的生产方式在农耕文化的促使下形成，人们吃苦耐劳、性格内敛的文化精神也在其中铸就而成。

重农轻商、缺少冒险精神等是农耕文化的缺点，而自强不息、勤俭耐劳则是其优点。这样的文化背景中孕育而出的我国民族传统体育文化，有一个独特的特点就是崇尚天人合一、人与自然和谐统一。在农耕生产劳动中，逐渐演变出许多我国传统体育项目，如从采野果的劳动中演变出苗族的"走独木桥"，而为了提高采竹和伐竹的速度，生活在海南的黎族人民开展了"跳竹竿"的体育项目。很少有挑战自然、战胜自然的文化元素存在于我国传统体育文化中。这个特点在我国诸多民族传统体育文化项目比如舞龙、武术、赛龙舟等项目中均有不同程度的

体现。武术的理论基础是中国传统文化，其中传统道德思想如自强不息、"天人合一"和谦虚谨慎等则是许多中华武术技击原理和修炼方法的来源。而舞龙和赛龙舟等则来源于祭祀，人们通过这种运动形式来达到敬神娱神并祈求风调雨顺、国泰民安的目的。

中华文化以儒学为基点的内陆性文化体系，在较为封闭的农耕经济状态下形成。以"仁"为核心、崇尚中庸之道和"三纲五常"的处事准则，在儒家思想的影响下形成，在这种价值观里，处事上唯祖训是从，生活中不作过分要求，行动上表现为安居中游，所表现所遵循的就是：思维上的中庸、人格上的君子和行为上的礼仪之道。因此，与西方体育文化有着显著区别的一点是在我国的传统体育文化中不崇尚竞技。古希腊文明是西方现代体育的源头，希腊境内岛屿众多而且港口优良，但属于多山地形，可耕种的土地较少，这促进了海洋商业文明的产生和发展，在这商业文明基础上，古希腊人构建了自己的文化形式。古希腊人民在城邦式的政治单位与海洋性自然环境的多方影响下，更多地崇尚自由与冒险精神，性格张扬、外向、不惧于挑战自然，处事上不畏权威，生活中不安于现状，行动上也更加积极进取。与我国不同，他们由此形成了崇尚竞技和竞争的思维意识，和重过程、轻竞技的思维方式。

构建在以农业文明为基础的社会结构之上，传统社会文化形态的主要特征就是家族本位和家国一体。传统的农业社会中，人们以家庭为单位参与生活和农业劳作。传统的家庭概念，代表的不仅仅是一家一户，还代表着以此为中心向外辐射形成的"家族"。一个家庭，在传统社会中往往代表着以父亲为主轴，以血缘关系为辐射所形成的体系庞大的整个家族。人与人之间的关系在中国社会往往依靠血缘关系来维系，因此，费孝通先生形象地将这种社会关系称为"差序格局"，就像石块被投入水中后，以石块落水的位置为圆心，由近及远地会向外产生一道道平行的圆形波纹。梁漱溟也曾做出"中国社会既不是人本位的社会也不是社会本位的社会，中国社会是关系本位的社会"的论断。社会结构中的关系网就像水中的波纹一样，每个人以自己为圆心，都能由近及远依次推出亲人关系、熟人关系和生人关系的差序格局关系网络。

同样，中国传统体育文化在古代社会的传承是构建在宗法制度基础之上的，除了血缘关系下的传承，还有一种模拟的血缘关系来完成体育文化的传承，这就是传统的师徒关系。徒弟入门时要向师父递上拜师帖，得到师父同意后要组织正式的拜师仪式，在拜师仪式中徒弟要向师父和师母（师父的妻子）敬茶叩拜。一系列的仪式结束，代表模拟的血缘关系在师徒之间正式成立，徒弟由此成功加入师门，"一日为师，终身为父"的道理，就是由此而来。成功拜师之后，师父不仅承担老师的角色来向弟子传授技艺，还要承担家长的角色，关心弟子的为人处世，甚至弟子的终身大事也可以由师父把关定夺。在一个师门之中，师父成为主轴，师父的夫人称为师母、师父的师父称为师爷等，序列会严格按照传承谱系进行。所谓的"帮规"或者"门规"，即如"不传师门以外的人""传男不传女"等师门技艺的传承规则，在这种血缘关系的约束下形成。在一定程度上，这些宗法制度下的传承规则，不仅让传统体育项目的横向推广受到制约，民族传统体育文化的纵向传承也在某种程度上同时受到了影响。

我国的古代很多少数民族围绕着中原地区居住，周边环境恶劣、地理复杂。少数民族妇女与受汉族儒家文化主导的"三纲五常""三从四德""男尊女卑"等观念制约的女性相比，她们广泛参与在与自然环境、社会环境相抗争的外界生存斗争中和社会活动中，比汉族妇女地位相对较高，在历史上涌现出无数杰出人物，也在人类历史发展的长河中做出了卓越的贡献。例如大多数少数民族男人和女子在民族纷争的古代战争年代都被要求有一定的军事素养。在两宋时期，对军事、政治、文化等各种社会事务，辽、金、西夏、大理辖区及宋辖少数民族居住区内的少数民族妇女都有参与，这些妇女对社会也有较大的贡献。从小就擅长骑马和射箭的契丹族女子"萧太后"是其中的代表性人物，小时候的基础让她将来实现了"亲御戎车，指挥三军"。擅长军事、政治的当之无愧的女中豪杰还有沙里质、阿鲁真、完颜仲德之妻等人。在少数民族妇女军事性传统体育的发展中，这些优秀的女性起到了重要作用。尽管当时没有明确的体育概念，但对于民族传统体育项目的发展与传承还是有积极作用的，有一些项目甚至一直延续至今。原本是壮族女总兵瓦氏夫人训练士兵的方法，如今演变为壮族传统体育项目中的"板鞋"运动。

在传统体育文化传承方面，相比于封建文化统治下的汉民族妇女，少数民族妇女更具优势。大部分少数民族妇女不缠足，能够广泛地参与到社会劳动中去，甚至有女性始祖崇拜存在于贵州少数民族如苗族、水族、侗族、布依族等的传统文化中，妇女在家庭、社会中占有一定的地位。我国南方少数民族中一种普遍存在"女劳男逸"的社会现象，迥然不同于"男耕女织""男主外，女主内"等思想影响下的汉族社会，在汉族社会中女性仅从事辅助性劳动而由男性主宰社会经济、政治生活。在社会生产劳动中，少数民族妇女扮演了不亚于男子的角色，几乎参与了所有的生产劳动。农耕方面，在湘西："苗耕，男妇并作，山多于田，宜谷者少"（光绪《湖南通志·地理》卷40）；在鄂西："邑田少山多，男女合作，终岁勤动，无旷土亦无游民"（同治《来凤县志·风俗》卷28）；典型的还有，如我国岭南黎族，妇女们专门从事稻田的插秧、"山栏"地的播种及以后的除草、收割、储藏、加工等重要工作。在纺织、商贸等活动中少数民族妇女的作用仍然是突出的。生产、生活本源性是民族传统体育产生、发展中的另一个重要因素，由此可以推想，直接参与生产劳动的女性，具备了传承和发展体育文化的外部条件，成为民族传统体育文化保护和传承的重要载体，与活动受限的汉族妇女相比，少数民族妇女在参与传承传统体育文化活动方面更具积极作用。

二、民族传统体育文化的传承力量和文化规训

精神世界的形成是人类与动物的一个重要区别，人类精神世界的形成标志着人类开始摆脱蒙昧，代表着人类对外界事物开始有了审美和崇拜。人类对自然的崇拜是最早出现的，图腾崇拜和生殖崇拜跟随其后出现。自然界中的山川河流、飞禽走兽、雷电风雨、花草树木等是人们的最初崇拜对象，最早的自然崇拜，是一种典型的泛神崇拜；一些地区的崇拜随着社会的发展开始集中化，逐渐以动物如虎、熊、蛇、狼、鸟等以及植物如竹子、树木等作为崇拜对象。

在远古时代，各种图腾崇拜常常因人类认为自己的起源与某种动物有密切联系而产生。如苗族人的图腾是犬，而侗族图腾是蛇，西双版纳的布朗族的图腾是蛤蟆和竹鼠，西南地区的白族图腾则是虎、鸡和龙等，北方鄂伦春族的图腾则是熊。都会有一个相关的传说伴随在每一个图腾崇拜的背后。西双版纳的布朗族就是因为竹鼠在布朗族的传说中曾经为其找过谷种，带来了粮食的丰收而崇拜竹鼠，他们认为竹鼠代表布朗族祖先的魂灵，每年都要在竹鼠身上装饰鲜花，并抬着绕寨一周，之后再祭祀家神，最后才能自己食用。鄂伦春族中也有这样的传说："一个猎人在狩猎时被母熊掳走，被关在山洞里与母熊诞生了一只半人半熊的动物，

一天猎人趁母熊外出狩猎之机逃走了，母熊一气之下将这个半熊半人的动物撕成两半，像人的一半就成了后来的鄂伦春人。"

远古时代，随着这些祖先崇拜活动的发展以及原始宗教的产生，先民们常常模仿某种动物进行舞蹈以达到敬神娱神的目的，以此来表达对神灵的崇拜，祭祀活动由此产生，在这种情况下，原始的民族传统体育活动开始萌芽发展。有代表性的原始宗教之一就是在我国少数民族地区流传甚广的萨满教，萨满教中的巫师称之为萨满，在祭祀、请神、祛病等活动中这些巫师都要进行舞蹈并通过手持抓鼓等法器进行伴奏。这种起源于宗教仪式的萨满舞被后来的一些健身舞蹈吸收，如今天蒙古族的《安代舞》、锡伯族的《抓鼓舞》、满族的《单鼓舞》，都是从萨满舞蹈中演变而来的。中国原始崇拜的基本体系和中国文化精神的重要起点是由自然、灵魂和祖先崇拜构成的，我国项目繁多的民族传统体育文化形式也由此诞生。舞龙运动就诞生在对龙图腾的崇拜过程中，其目的是祈求国泰民安、风调雨顺。为了祭祀爱国诗人屈原，端午节进行了龙舟运动。舞狮运动的目的是驱凶纳吉、祈求平安。参与者之间的相互祝福则是傣族举行泼水节的寓意。在那达慕大会上，蒙古族人要参与的"男儿三艺"，是由射箭、骑马和摔跤比赛构成的，"男儿三艺"中的胜利者会得到"赛音布和"（英雄摔跤手）称号。而朝鲜族的女孩相信如果参与跳板运动，出嫁后就不会难产。为了纪念为民除害的乌布力，维吾尔族举办了"达瓦孜"（高空走钢丝运动）。如果在侗族和壮族举行的"抢花炮"比赛中获得胜利，则寓意着这个村寨会连年五谷丰登，姑娘们通常也会向往嫁到这个村寨。东乡族的"耍火把"活动是为了祈求五谷丰登。民族传统体育文化的本质已经超过了表面上的竞技形式，在人类社会发展过程中起到了特殊的作用。民族传统体育文化在纵向的传承和横向的传播过程中因图腾崇拜和宗教信仰起到了内在精神力量的推动作用，才得以孕育和传承。

人类生存的地理环境由海洋与岛屿、山地与丛林、平原与大漠（或草原）构成，我国的版图在北方接壤西伯利亚草原，江南水乡在南方，西部耸立着青藏高原，东边紧临着太平洋。作为一个多民族国家，我国不同的民族在不同的社会习俗、文化资源、地理环境、生活方式、图腾与宗教信仰等影响下，创造了不同的地域文化。我国民族文化多元的特点由中原、三秦、巴蜀、岭南、吴越、荆楚、松辽、湖湘、徽、晋、关陇等多元文化区域构成，我国文化因这些不同的中国民族文化又都属于中华文化的范畴而呈现出了"一体多元"的整体态势。

"一体多元"这一特征也同样呈现在我国民族传统体育文化中。我国民族传统体育文化的形成同时也受到不同地域与宗教文化的深远影响，不同的文化背景造就了我国民族传统体育文化风格各异、绚丽多彩的文化表现形式。水草丰盛、地势平坦的蒙古高原环境养育了以游牧为主要生活方式的北方少数民族，被视为"男儿三艺"的骑马、射箭和摔跤等技艺也成为蒙古族生存的基本技能。亚热带地区山林河谷遍布的情况，促使生活在其中的壮、苗、彝等民族练就了蹿蹦、跳跃和攀爬的本领，诸多体育项目从中衍生出。

体育项目上也体现出了诸多的地域文化差异。在我国的武术项目中，仅拳种就有129个，不同的拳种之间不仅技击术本身有差异，在文化规训的理论背景上也有差异。普遍身材较为高大的北方人在我国地势开阔的北方，形成了舒展大方、蹿纵跳跃、大开大合为武术特点的北派拳术。南派武术的风格短桥寸劲、阔幅沉马、迅疾紧凑，这符合南方地区自然环境紧凑别致，各民族身材相对矮小的特点。除此之外，我国形成了不同的武术流派也受到宗教文化的影响，如少林武术以佛家文化为理论基础、武当武术以道家文化为根基等。

少数民族地区的经济和文化在社会不断的发展和进步中也得到了相应的发展，在少数民族地区经济和文化振兴和发展过程中妇女已经成为不可缺少的重要力量，她们中间也成长出一批有知识、有文化的各行各业的佼佼者，在这些优秀女性影响下少数民族的经济文化发展潜移默化地发生了改变，尽管这些杰出的妇女人数不多，但她们也在逐渐改变少数民族妇女那种几千年的传统生活方式、风俗习惯和价值观念。自身素质的不断提高让少数民族妇女能自觉融入各项传统文化活动之中，主动地去认识自己本民族的传统文化，并能够以主体的身份向外传递本民族的文化。民族体育文化传承最直接、最有效的方式正是她们积极参与到各种民俗活动中，奔跑、跳跃、歌舞。同时，民族文化原生态的生命力和价值观也直观地在这些体育行为中展现出来，成为促进民族传统体育文化传承的榜样。

三、民族传统体育文化的显著特征和传承价值

（一）民族传统体育文化显著特征

1. 历史性

民族民间传统体育文化具有时代烙印，历史悠久、内容深而广，鲜明地呈现出了某一时代所具有的传统体育文化特性，深深影响着民族民间活动的范围，在表现形式上也是体现出了历史性特点，让时代特色独树一帜。

2. 生活性

在日常生产劳动与作息中，不断衍生出具有特色、原生态的体育文化活动，在项目内容与活动方式上也是与日常紧密相连，都是人们生活的真实写照，质朴的活动内容与朴实无华的人们造就了丰富的劳动果实——具有生活代表性的体育文化。

3. 多样性

民族民间传统体育文化具有多样性，项目繁多、形式各样，具有代表音乐的原生态歌舞（打跳、芦笙舞），具有代表凶悍的体力性项目（上刀山、下火海、打猎），也具有代表大众的集体性项目（赛龙舟、抢花炮）等，这些形式各样的传统体育文化活动推动了民族民间传统体育的开展。

4. 多重性

民族民间传统体育文化具有多重性，地域上的多重性，表现在项目与项目之间不同地域的开展，如"三月三"在多个民族之间都会举行；在内容上的多重性，体现在内容的悠久性、在民间的传度较高性、影响的深远性上有所发展。

（二）民族传统体育文化传承价值体现

1. 价值观导向

新时期，人们对于精神生活的追求随着人们物质生活质量的大幅改善而越来越高，民族传统体育文化正好能够满足越来越明显的富足物质生活与贫乏精神生活之间的矛盾需求。作为培养技术型人才的主阵地，高职教育不仅要将大学生的职业技能提高，更要培养大学生塑造职业道德。因此，民族传统体育文化传承在高职教育中需要得到强化，要对大学生树立正确的价值观进行引导，培育大学生"爱国、敬业、诚信、友善"的优秀品质，让大学生能成为真正的职业人才。

2. 审美情趣价值

民族传统体育文化遵循自然和人体规律，它不同于注重强对抗的其他体育文化，追求的是和谐竞争，能做到熟练让身体获得舒展，并产生令人愉悦的观赏审美效果。同时，民族传统体育文化的审美理论侧重美德与善良的统一，其参与者具有高尚的品德。为符合中华民族的审美心理并体现出运动独特的神韵美，所有的民族传统体育项目几乎都要求参与者保持身体和技术动作的协调。将民族传统体育文化引入高职教育，对大学生树立正确的审美观有积极影响，它不仅要求勇猛地参与体育运动，还注重运动者的运动智慧精神的培育。

3. 理想人格价值

通过中国各民族几千年来不断实践，融合各民族文化内涵，形成了民族传统体育文化，它强调将个人修养和群体利益相结合。中华民族传统体育文化更侧重于强身健体、自我道德修养，通常不强调体育运动的对抗。民族传统体育文化的体现之一正是中国奥林匹克精神，它更注重爱国主义情怀，创造社会价值，并不是仅强调实现体育运动员的个人价值。大学生受到优秀民族传统体育人物的激励，会积极参与民族传统体育活动，追求个人理想和社会价值的实现。

第三节　民族传统体育文化发展困境

一、民族传统体育文化传播中的困境

（一）传播场域局限

民族传统体育文化传播场域先天具有局限性，我国民族传统体育文化的传播广度因此受到了直接影响，我国民族传统体育文化拥有的养生保健性和非竞技性等特质，以及来源于中国儒释道的自然和谐、天人合一等传统文化观念，与现代体育文化的特质截然相反，这导致了民族传统体育文化缺乏传播张力，传播得比较保守和内敛。与我国民族传统体育文化有着明显差异的是西方现代竞技体育文化，19 世纪中后期，西方现代竞技体育文化开始传入我国，并快速传播和发展。西方竞技体育文化的传播具有适宜而有效的传播场域，它的流行有着深刻的社会动因与合理性。现代竞技体育运动以其竞赛性、娱乐性、对抗性和观赏性等特质

在当前快节奏的工作与生活中让人们身体与精神层面的双重需求充分得到满足。各大现代竞技体育赛事IP通过互联网等传播渠道创造了巨大的商业价值，大众传媒与现代竞技体育文化的合作，也可谓珠联璧合。如搜狐体育、腾讯体育、虎扑等热门体育App通过与欧冠、NBA、CBA、中超等体育赛事合作，通过转播赛事资讯以及赛事周边产品的售卖，不仅得到了丰厚的利润，同时得到了庞大的"粉丝"群体喜欢，这些赛事的播放占据了绝大多数现代人的休闲时间与消费空间。现代奥林匹克运动会是奥林匹克运动的代表，其在世界范围内不断扩展，促进了世界范围内体育运动的一致性和规范性。西方体育文化也因此成为主流，在加速了一部分项目发展的同时，"更高、更快、更强"的奥林匹克口号也限制了民族传统体育运动的发展，我国民族传统体育文化的传播场域进一步受到挤压。总而言之，先天的传播场域局限，是我国民族传统体育文化传播要面对的首要困境。

（二）传播理念滞后

有着丰富内涵、博大精深的我国民族传统体育文化，虽然拥有着享誉国际的项目，但也有很多问题暴露在传播过程中。以养生、武术等为主要代表，这些问题主要有两个方面的表现：滞后的校园民族传统体育文化传播理念和滞后的民间传统体育项目传播理念。首先，在校园传播民族传统体育文化方面，中小学体育课很少设置传统体育项目课程，小学阶段体育课主要以游戏为主，初中阶段，部分地区的体育中考中有武术项目内容，但到高中阶段体育武术项目又被取消。虽然在大多高校体育课都设置了传统武术教学内容，但无论是以应试教学为主的初中阶段还是以学分制教育为主的高校教育中，武术教学模式都是沿袭传统的手把手地带领学生比划武术动作的教学模式，学生对探究武术背后深刻的底蕴不感兴趣。在大、中、小学校园里，这种模式的教育难以形成传统体育文化氛围，也很难达到理想的传播效果。目前，在校园里，没有传统武术以外的其他有特色的传统体育项目开展广泛的学习传播。这些现象都体现了民族传统体育文化在校园中传播意识的薄弱。其次，长期以来，源远流长、从旧时代流传至今带有一定的神秘色彩的民族传统体育运动以武术、养生为代表，传承方式又多数采取师徒教授来进行。例如，一些传统功夫有"一代传一人""宁失传，不外传"的传统，受其影响，因过于保守传播，很多传统武术的关键技艺无法完整地传承下来，终至失传。随着社会的发展与时代的进步，一些民间传统体育项目开始向市场化的道路走去，虽然对民族传统体育文化的传播有促进作用，但也有一些所谓的"养生专家""气功大师""太极大师"等借机行骗，因此造成了社会对民族传统体育文化产生一种负面认识，这也是我们文化不自信的一部分原因。这些现象都体现了我国民族传统体育文化传播理念的滞后，缺乏包容性与创新性，因此，一些民族传统体育项目也遭遇了"后继无人"的尴尬，我们与其他先进文化的差距会进一步加大，在发展中会形成恶性循环，传统体育文化的传播会受到严重阻碍。反观日本和韩国，通过理论和技术并重、表演与派遣教练员结合、简单的传播内容、杰出的传播者、道德与技术的融合、加入学校体育课程、积极参与各种形式的国际性比赛、进行技术改革以适应奥运等方式成功将自己的影响力扩大，柔道、跆拳道等已成为奥运会的正式比赛项目，柔道和跆拳道在传播过程中现代化和具有包容性的传播理念也在这过程中得到了体现。

（三）传播路径较为狭窄

从整体发展来看，我国民族传统体育文化传播路径是较为狭窄的。主要有以下两个方面体现：首先，我国民族传统体育文化主要是通过赛事活动和传播媒体在国内进行传播。但不论是在对地方的民族传统体育文化的挖掘和利用上还是在赛事活动上，我国是有不足的，我国民族传统体育文化传播整体规划和品牌设计在其传播过程中是很缺乏的。全国少数民族传统体育运动会在现阶段是我国民族传统体育赛事推广的主要途径。而一些自发组织的主要以健身娱乐为主的地方民族传统体育活动，往往商业性也比较弱，规模也比较小。而且这些民族传统体育活动通常局限于本地区或本民族内部发展，与当地历史传承和地理环境紧密联系，对外传播的路径也较为狭窄。一些民间的民族传统体育文化就算是进入了现代数字技术传播时代，在传播媒体方面仍然采用传统的语言、文字和口耳相传的传播形式，没有使用现代化传播形式，因为一些传统体育文化中的文化内涵很需要从业人员为其寻找传统和现代技术的最佳结合点，进一步创新传播形式，来传播难用数字化呈现的文化内涵的内容。其次，在国际传播方面，我国传播媒体与西方传播媒体相比实力较为薄弱。据相关调查显示，西方发达国家的通讯社提供了全球约八成的新闻信息，这些通讯社同时还是亚非拉等发展中国家的主要信息源，西方发达国家在信息输出方面有着绝对的优势。显然，在这种国际环境下，我国民族传统体育文化的国际传播路径是非常狭窄的。此外，在国际互联网上的信息有70%都是用英语表达的，很多民族传统体育文化中很多词汇在英语中没有相应的术语词汇，在国际传播过程中只能使用中式英语翻译，如直接将常用武术术语"马步""气""丹田"等翻译成"The Horse Step""Air""The Public Region"等，这就导致我国民族传统体育文化的内涵和精髓很难被国外受众理解，严重的还会引起文化误读，国际传播力和影响力自然受限。

二、民族传统体育文化生态发展中的困境

（一）自然环境作为原生场域的滋养作用逐渐减弱

任何一种文化都拥有与其所处自然环境相适应的特征，每一种文化都有其原生场域。地域性算是民族传统体育文化的特征中最为典型的，从这个角度来说，也正是基于产生地域的不同才会让民族传统体育文化变得丰富多彩，自然环境方面的殊异，让不同地域民族传统体育文化在开展方式、个性特征、场地器材和基本样貌等方面也有差异，即便是拥有相同名称的民族体育活动，如常见的赛马、摔跤、秋千等，在不同地区之间也有不小的差异，这充分说明了自然环境对民族传统体育活动的影响。然而，通过对历史纵向轴线的梳理会发现，自然环境也是在变化的，一个必然规律和不可阻挡的趋势就是自然环境在不同历史阶段会发生变迁。大多数传统体育活动存续的自然环境在人类社会性活动增多的情况下都发生了改变，部分传统体育活动是基于出行不便而产生的，这些活动由于交通条件的改善失去了原有作用，如"高脚马"和"独竹漂"；再者，有些传统体育活动如弓箭、陀螺、龙舟等，是需要取材于自然的，而这些原材料也逐渐被现代化的材料取代，脱离原来的自然环境。因此可见，在社会不断发展的情况下，自然环境对民族传统体育的催生作用逐渐消失，我国民族传统体育依赖于自然的社会功能也在现代社会逐渐被取代，其受自然环境的限制越来越少，先前自然环境与民族传统体育的紧密联系正在逐步消失。

（二）由多重因素构成的社会环境亟待优化和整合

通过对历史演进的纵向梳理可以发现，民族传统体育是在一定历史时期为了满足某个族群的社会性需求而产生的。可以说，每一项民族传统体育活动的产生、演变和发展，都是基于人的需求而产生的社会选择。随着现代社会因素变化加速、

社会转型周期变短、社会发展速度不断增快，因发展节奏滞后于社会发展，包括民族传统体育在内的"传统文化"出现了各种不协调、不一致的情况，典型的主要有以下几个方面。

1. 发展方式的滞后

因没有其他因素的影响，民族传统体育在近代以前总体处于自然状态，但随着在世界范围内西方体育文化以其强势的文化身份广泛传播，各民族传统体育逐渐被挤压了存续和发展的空间，逐渐失去了本土竞争力，总体处于一种边缘化的状态，只能往"民族、民间、民俗"的道路上发展。从某种意义上讲，在社会环境发生变化的情况下，民族传统体育未能进行发展方式的适时转变，这是其受挤压的主要原因。

2. 节日平台的乏力

长期以来，民族传统体育活动主要都是依托节日开展，但在社会的转型下，传统节日已经不如以往有力，各族居民中因外出务工而缺席传统节日的情况非常普遍且越来越多，甚至直接导致了因人力不足而中断某些传统体育活动。

3. 产业开发的窄化

在民族地区的旅游产业开发中，民族传统体育以其较强的参与性、娱乐性和观赏性成为其中的一个特色，但民族传统体育产业的开发未能与时俱进，依旧单一地以表演或展演为主要形式，未形成有规模的文化产业深层次开发和特色体育开发，随着旅游产业的升级，它已经与社会发展脱节。

4. 开展形式的零散

在平日，散落民间的民族传统体育活动多数是处于零散状态，只在民族传统节日里才集中开展，不少地区成立的传统体育活动组织也因人员、管理、经费等原因而名存实亡，严重缺乏组织性，民族传统体育活动因此在很大程度上脱节于社会需求，与人群脱离。

5. 竞赛体制的局限

显而易见，各类民族传统体育的竞赛在历史上并不缺乏，如有"打陀螺"这种民间竞赛热火朝天的例子，也有传承了上百年的"独木龙舟"等这些项目比赛，国家或地方政府举办的民族传统体育运动会也很常见。但是，相对而言面向大众的民间竞赛并不常见，更少有形成传统并定期开展的；仅有个别项目会在运动会中面向学生群体，传统体育主题比赛也相对较少。由此可见，民族传统体育竞赛体制直到现在依旧不够完善，各种竞赛之间的支应和互动机制也未形成。

（三）作为载体的传统体育在转型中异变现象频现

首先，技术传承路径窄、迷信色彩、封闭性、比赛规范性差等传统体育本身客观存在的弊端导致其发展路径日益窄化。其次，在各种转型尝试中，传统器材被现代化器材取代、在传统体育项目改编过程中丢弃了传统元素、在向竞技化转型的过程中，也有着运动员成分构成不合理、直接套用西方体育化比赛规则、遴选竞赛项目时出现分歧和竞赛生态因地区间巨大的竞技水平悬殊出现失衡等问题，甚至还出现了传统体育竞赛变成政绩体育的趋向。最后，在发展空间的拓展方面民族传统体育也存在一定的现实障碍，它的发展需要通过传播来拓展空间，尤其需要的是在不同地域的相同民族之间、相同地域的不同民族之间，甚至跨越民族和地域界限的拓展。然而，近年来有些地区所做的尝试并没有取得预期效果。可见，地域性特征明显的传统体育在发展空间拓展方面要跨越一大障碍就是的文化认同；民族传统体育的发展在社会经济环境和个人经济观念都发生转变的情况下会受到一定的冲击，参与体育活动时报酬或酬劳成为首要的限制性因素，族群居民有意无意地开始冷落那些不能或较慢产生经济效益的传统体育活动；广大民族地区传统的生产生活方式正在发生现代化变革，这些地区社会的现代化程度越来越高，以传统生产生活方式为基础的某些体育活动慢慢没有了用武之地，这个过程也慢慢消解了其原有的社会功能，作为一种非传统元素的民族地区的市场化和工业化正逐步冲蚀着民族传统体育文化的同质性基础，民族传统体育文化生态发展的一个巨大鸿沟就是民族传统体育所面临的传统与现代的冲突短期内没有找到契合点。

三、民族传统体育传承中的困境

（一）传承主体缺位，代际传承受阻

各族人民作为民族传统体育文化传承主体需要深刻意识到自己既是民族传统体育项目的参与者，也承担着民族传统体育文化传承的责任，明确了解自己担负的责任，才能为之真正地奋斗实践。人们的生产生活方式随着现代生活的发展发生了很大改变，不再以部落集聚的方式生活，也无法持续部分民族传统体育活动的开展，很多特色民族活动因此失传。例如蒙古式摔跤——蒙古族的"博克"，作为深受蒙古族喜爱的特色体育项目，一直以来可以说是全族参与，但因外出打工的年轻人增多，"博克"项目目前已经很少有人参与了，现在几乎已经成为一种仅供游客观赏的特色体育表演。真正了解民族传统体育文化内涵的人很少，民族体育项目的老一辈传承人逐渐老去，高职院校对民族传统体育文化的传承没有明显效果，这种形势越来越严峻，民族传统体育文化传承正在被缓慢消解。

（二）民族传统体育文化内涵挖掘不足

民族传统体育文化，在中国这样一个拥有悠久文化传承历史的多民族国家，积累了绚烂多彩的极为丰富的内容。然而，在高职院校中，传统的民族体育文化内涵是不够的。不仅在与传统的民族体育文化相关的课程中有不足，与民族体育教育资源相匹配的课程中也有不足，因此难以达到预期的教学效果。结合实际发现，当前大多数高职院校虽然设置了一些如射箭、陀螺、太极拳、竹竿舞等特色的民族传统体育课程，但多数是选修课形式，课时量少，且参与人数不多。此外，与其他体育课程相比，民族传统体育课程的教学需要特定的教材支持，但目前高职院校在民族传统体育课程教材方面几乎是空白的。总之，目前缺乏对传统体育文化内涵的探索，导致传统体育文化的影响有限，年轻一代对其知之甚少，更不用说文化认同了。要改变这一局面，必须正视民族传统体育文化的传承问题，积极投资教育资源的开发利用，加强民族传统体育课程的教学效果。

（三）年轻一代对民族传统体育文化认同缺失

文化认同是指对文化价值的认知、判断和创造，并对文化提出自己有说服力的观点和立场。在全球化的背景下，各国和各地区之间的文化交流频繁，文化发展趋于多元化，体育文化也趋于多元化。在西方外国体育的影响下，民族传统体育文化的存在感被削弱。在当今社会，外国体育文化激烈的对抗性很容易引起年轻一代的注意，从而影响年轻人的体育文化价值观，盲目追随潮流，缺乏对民族传统体育文化的认同。

（四）民族传统体育文化自觉意识不强

中国著名社会学家、人类学家费孝通在1997年的第二届社会文化人类学高级研讨会上首次提出了"文化自觉",该研讨会基于解决全球融合的方法。他认为,文化自觉反映了对中华民族文化未来发展的信心,以及对强大中国特色社会主义文化道路的无限期许。同时,他还提出,文化自觉应以文化的根源和继承为基础,因此,体育文化自觉也应以民族传统体育文化的继承为基础。然而,长期缺乏民族传统体育文化教育,导致许多高职院校学生缺乏文化认知,甚至缺乏文化自觉。在这种情况下,由于缺乏文化传承人,一些具有特色的民族传统体育运动已经消失了。例如,许多大学生对高脚马和蒙古摔跤都有一定的认知,但他们了解不深。

(五)外来文化冲击引发民族传统体育文化生存危机

生态文化危机、西方体育文化的影响、现代体育的影响以及外国强大文化的威胁对民族传统体育文化有严重影响。

关于中西传统文化的差异,中国传统文化提倡人与自然的和谐,中国传统体育文化起源于农业文明,价值取向是健康、礼仪和文化性;西方体育文化起源于古希腊文化,价值取向是胜负、功利和竞争。在互动和交流的过程中,两种不同的文化传统和价值观取向导致了两种文化一方主动、一方被动,产生了碰撞和矛盾,形成了西方体育文化对中国传统体育文化的影响,中国民族传统体育文化因此存在生存危机和继承困境。学校的体育课程也反映了外国文化和外国体育对中国传统体育文化的影响,如传统体育项目课程占比远远小于来自西方体育的足球、篮球等项目;以及在实际教育中更注重提升技能和追求胜负,忽略了健康养生理念等。

第四节　民族传统体育文化的发展路径探索

一、民族传统体育文化传播对策

(一)建设传播的保障制度

1. 加强政策引导

校园是文化交流和传播的主要阵地。优秀中国传统文化的传承和发展与学生对优秀传统文化的理解和认知密切相关。校园文化会对学生的发展产生潜移默化的影响。近年来，中央政府部门和地方政府部门已经发布了有关少数民族传统体育的相关政策文件，如《关于进一步加强少数民族传统体育工作的指导意见》《广西壮族自治区人民政府办公厅关于进一步加强少数民族传统体育工作的实施意见》，这些文件有效地促进了民族传统体育文化的传播，也有一些关于民族传统体育课程和人才培养的政策。然而，在实践中，仍然缺乏系统、完善的指导和监督，民族传统体育文化在校园中的传播理念薄弱，甚至缺失，民族传统体育文化在许多学校的传播只是一种"走过场"的形式。因此，对校园传统体育文化的传播迫切需要有具体的政策指导和实施。要加强民族传统体育教材体系，将民族传统体育文化融入高校、中小学教学；地方政府指导地方高校因地制宜地开展当地特色民族传统体育项目教育，完善监督机制，对具体政策的效果进行评价和监督。

2.推进赛事组织和制度创新

在现代体育的背景下，民族传统体育文化的传播应借鉴现代体育发展和传播的制度和传播模式，创新民族传统体育赛事的组织和制度，并以此作为促进民族传统体育工业化发展的道路。第一，在设置赛事组织项目中，以参与为目标，精心梳理各种类型和形式的传统体育，创新调整国家传统体育赛事，如龙舟、散打、中国式摔跤等传统竞技教育项目进行现代化转型推广，借鉴"昆仑决""攻守道""武林风"等赛事发展经验，引导传统竞技项目职业化发展；第二，创新国家传统体育赛事的比赛规则，将不同的参与者按多种标准分组，提高参与者的热情；第三，赛事的组织，因地制宜地将校园民族传统体育特色项目融入竞赛体系，各个项目组织不同水平、不同年龄段的校园赛事；第四，在赛事包装和宣传方面，将赛事、选手和传播牢牢结合，使赛事、选手、交流三维互联，创造赛事的商业价值。具体需要高频率、高水平的比赛，注重培养球员和"明星"，创造热门话题，利用好互联网等平台；第五，创新全国传统体育相关管理体系，在建立安全标准的基础上，调动不同组织和人员的积极性，充分激发活力。

（二）优化传播媒介，扩展传播路径

1.利用新媒体提高交互性

自新媒体时代以来，一个重要的特点是流量至上和碎片化的社交互动。民族传统体育文化加强和完善当前的传播策略和传播效果也应遵循趋势。首先，可以利用新媒体本身的特点，更加生动、直观地传播民族传统体育文化。与传统媒体相比，新媒体不仅传播速度更快，而且具有非常明显的优势，在图片、短片等动态交流方面，与简单的文本介绍相比，新媒体交流更容易吸引观众的注意。其次，传统民族体育的传播可以通过随时随地的直播进行，各种视频应用软件可以从不同角度提供传统民族体育的多维展示和直播。与传统媒体相比，短视频和直播更具针对性，能够更好地满足不同受众群体的口味与需求。民族传统体育项目的粉丝文化也可以通过短视频和直播来培育。借鉴直播的相关经验，传统民族体育项目的新媒体传播可以吸引有影响力、正能量的榜样参与传播，带动更多的年轻人参与传播，将民族传统体育文化转变为流行文化。

2. 利用影视作品讲好"中国传统体育故事"

电影、动画等数字化媒介应在民族传统体育文化的传播过程中成为主流，这也是西方流行文化带来的启示。"漫威"和迪士尼动画等代表性大片是西方社会价值观在世界各地持续渗透的载体，我国为了讲好"中国传统体育故事"也应该加大这方面的投入，《花木兰》《大圣归来》《功夫熊猫》等都是成功案例和代表。实施"文化科技创新工程"中非物质文化遗产数字保护项目建设要求的文化科技创新项目，不仅证明中国传统体育文化的影响，也指出了其他许多民族传统体育项目和文化传播努力的方向。在讲好故事的同时，要避免泛化，要增强戏剧性、对比性，精简背景介绍和对话内容。此外，故事还应考虑影视作品传播的社会属性，突出片段化和轻量级的特点，优化其在新媒体和社交平台上的传播路径。一般来说，故事系统可以围绕武术、马术、蹴鞠、摔跤、射箭、马球、角力等各种传统运动建立，并且可以采用多样化的讲故事方式来突出中国元素，增强它们的吸引力。

3. 通过文创产品提升知名度

随着社会经济水平的发展和人们精神生活需求的提高，随着中国人民的民族意识、民族自尊心和自信心的提高，消费者对文化和创意产品的认识和需求也大大提高。文创产品以当地包括民间技能、风俗、传统节日等特色文化为基石，以产品造型、功能、内涵等各方面添加独特元素，成为移动广告吸引游客，在文化和形象宣传的同时，让第三产业发展得到促进，提升经济水平。故宫博物院的文创产品近年来已成为该行业的领导者。"故宫美人"面膜、国宝色口红、"朕知道了"胶带纸、相关水杯和桌垫都已成为国内外流行的网红产品。以公共关系为纽带，促进产品与消费者互动，是博物馆品牌成功的关键因素。因此，根据地方特色，传统民族的体育文化也可以创造自己的文创产品，符合"生活产品＋特色文化"和"特色产品＋流行文化"的发展趋势，准确定位自己，通过分类—定位—设计—运营四个步骤来推进。再结合新媒体平台，把自身宣传覆盖到更为广泛的范围内，形成品牌，使人们在个人体验的过程中体验到国家传统体育项目及其文化的魅力，自觉、自信地成为他们的宣传者和代言人。

二、民族传统体育文化生态保护策略

（一）建立文化生态保护区

人和自然是一个生命的共同体。人类必须顺应自然、尊重自然、保护自然。推进生态文明建设，把可持续发展提升为绿色发展。加强对自然生态系统和环境的保护，停止对自然环境的破坏，妥善恢复和管理遭到破坏的自然环境，在保存较为完整的特色鲜明的民族聚集村落和特定区域，适当地开发利用自然环境，构建民族传统体育文化生态保护区。既要金山银山，也要绿水青山。在促进经济发展的同时，也要正确处理生态环境保护与经济的关系，努力保持原区域的生态特征，促进人与自然的协调发展。依托国家发展体育产业政策，优化民族体育资源，建设民族传统体育小镇，加强民族体育文化生态保护。建立传承人登记制度，探索我国各民族传统体育文化活动。采取调查访谈，文献考古等多种方法对濒临失传或已经失传的民族传统体育文化活动形式，通过文字、图片、视频等方式，运用现代互联网多媒体技术，建立档案化和数字化的数据库。

（二）发挥健身功能作用，保持原生态本色

传统民族体育不仅具有修身养性、强身健体、自娱娱人的作用，而且具有丰富的道德观念和文化底蕴，如崇德向善的社会风尚、匹夫有责的担当意识、礼义廉耻的荣辱观念、振兴中华的爱国情怀和是非曲直的价值标准等，是中国人民生活方式、风俗习惯、思想观念、情感样式的集中表达，潜移默化地影响着国人的行为方式。全民健身随着健康中国的建设上升到国家战略层面，根据现代社会的发展和需求，去除民族传统体育文化中封建迷信的渣滓，净化民族传统体育文化生态，积极改造民族传统体育，保留其宗教祭祀特定的历史文化价值，使其能起

到教育、健身和娱乐的作用，符合社会现代体育健身功能和需求，提高人们对民族传统体育的审美观。构建民族传统体育文化生态系统的本土化原则，必须坚持各民族的传统历史和文化，保持原有的生态精髓，尽最大可能，保护各民族传统体育文化的多样性。民族传统体育文化生态应树立全球发展战略愿景，相互借鉴其他民族的传统体育文化生态经验，相互学习和积极借鉴其他民族传统体育文化生态保护机制，结合国内实际发展现状和条件，构建民族传统体育特色的文化生态系统。

（三）创办民间传统体育文化节日

为满足生产和生活的需要，各民族人民共同设立了"节日"这种民俗活动。挖掘和建立各民族传统体育文化节日，建设民族传统体育文化生态，增强民族凝聚力。传统民族体育文化应以此为契机，积极开展宣传活动，以增强国家情结、民族文化的自信心和自豪感。根据国家传统体育文化的历史价值，国家政府部门应挖掘和组织独特的、联系紧密的民族传统体育文化历史记忆，保持原汁原味的传统体育文化生态，在借助民间资本力量的基础上，商业化运作民间体育节，积极为民族传统体育生态文化建设宣传平台，结合各种民族传统体育文化活动，加强宣传，积极发扬体育生态文化精神和民族传统体育文化理念，通过民族传统体育文化更好地宣传当地风俗。传统民间体育运动会的建立有利于民族体育和民族健身的发展，有利于各民族人民的身体素质提高，有利于民族体育文化的推广，为传统民族体育文化的传承、保护和发展提供了大量有益的经验。农村地区具有传统民族文化和生态的"根源"。在实施国家乡村振兴战略的情况下，传统民族体育运动会的项目形式应保持原汁原味、土生土长。积极发展民族传统体育文化、健身活动和体育会议，可以丰富项目活动的内容和形式，提高人民参与民族传统体育的积极性，满足他们的生产生活需要。

（四）积极与基层基础学校的体育教育相结合

2004年3月3日，中共中央宣传部和教育部发布了《中小学开展弘扬和培育民族精神教育实施纲要》，指出"弘扬和培育民族精神是中小学全部教育教学活动的共同任务，要把它有机地渗透和融合到各门课程的教学活动中"。民族传统体育文化生态的保护必然回归学校体育，学校在继承和传承民族传统文化方面具有不可替代的地位。学校开展传统民族体育项目，其文化内涵有助于培养学生的民族精神，建立民族自尊，提高民族素质，提高文化意识。民族传统体育文化应加强生态教材建设，尽可能建立国家传统体育技术标准，建立系统的教材内容体系，体育文化内容不应一刀切，应求同存异，丰富校本课程内容，积极开放国家传统体育文化课程，学生不仅可以学习国家传统体育活动形式，还可以学习历史文化知识，然后全面了解民族传统体育知识，促进学生认同我们的文化。选择教材内容与学校教师，与实际情况、当地经济文化等相符合，选择和创造内容可以满足学生的多元化需求，反映民族和时间、健身和娱乐，积极探索民族传统体育文化生态资源，丰富校园体育文化的多样性，帮助推广和传播传统体育文化。

三、民族传统体育文化传承的对策

（一）加大自身革新力度、提升理论创新能力

从民族传统体育文化本身及其影响力两个层面，国家提出了六个"加大自身革新力度提升文化影响力"的措施：努力适应现代化的趋势、充分探索和整理民族传统体育文化、加强民族传统体育文化的创新实践、摒弃文化缺陷，继承和传播优秀文化、规范民族传统体育赛事及相关活动、建立和完善发展机制。从实践的角度来看，在保持民族传统体育文化特色和价值观的基础上，继承主体应注重提高民族传统体育文化对现代化的适应性；积极调查、组织和储存少数民族传统体育文化资源；探索民族传统体育的历史文化价值和民族精神，以文字和图片的形式抢救和记录正在消失的传统体育项目；在传承理论上，传承并非静态的、固定的，毫不允许重新解读的原样对接，相反，它是一个允许创新的、动态的、连续的过程，实践和理论的创新是民族传统体育文化现代生存的有效方法和提高其自身影响力的有效措施。例如，韩国的跆拳道，日本的柔术、相扑都以原始的生态民族传统运动为基础，通过创新适应国际体育发展模式，从而进入2019年奥运会；在理论研究方面，研究者提出了完善理论创新的四大对策：营造国家传统体育文化氛围，加强科研体育审批，建设国家传统体育文化话语体系，建设民族传统体育文化平台。此外，还必须正确认识到事物都有两面性，民族传统体育文化不仅包含中国传统文化的精髓，而且包含封建迷信伦理的渣滓，继承过程中的主体应以适应社会发展为目的，抓住本质，合理继承民族传统体育文化的精髓。

(二)加强传承人的培养与保护

"非遗"传承人是"非遗"项目相关政策、制度融入生活环境的践行者,他们不仅是技艺传承的核心,也是政府与大众之间的连接者。分析发现,基于理论研究或实践经验,研究者提出了"规范民族传统体育文化传承人的培养与保护"五个方面的措施:重视传承人的专业性,加强人才培养的重视程度和培养力度,保障传承人的社会地位和收入,增加政策和资金的支持,建立传承人保护制度。在实践中,一方面要在增加传承人数量的同时保证质量,培养拥有民族传统体育文化传承需求相符合数量、专业性与职业道德的传承人。另一方面,应保障传承人的经济收入、社会地位甚至情感体验。传承人应当对继承的行为和继承的质量负责,是继承的主体和责任人。由于国家传统体育文化资源的核心是由传承人掌握,政府的政策和资金也在支持他们,传承人的专业精神和职业道德应达到更高的要求。此外,大多数传承人全职从事民族传统体育文化相关事务,其经济收入和社会地位低于其社会价值,为摆脱经济困境,平衡生活问题和继承义务,部分传承人分心到其他事务中,导致民族传统体育文化继承过程中部分继承主体的缺失。因此,在注重传承人培养素质的前提下,也必须保证传承人的经济收入和社会地位,使传承人在履行继承义务时无后顾之忧。

(三)提升民族传统体育文化自觉与文化认同

是否具有高度的文化自觉,不仅与文化本身的复兴和繁荣有关,而且还决定了一个国家、一个民族和一个政党的未来和命运。可以看出,继承民族传统体育文化是一种高度文化自觉的重要保障。分析发现,研究人员提出了"提升民族传统体育文化自觉与文化认同"的四项措施:唤醒人民的文化自觉和文化认同意识,强调和普及传承的重要性,塑造文化形象,加强民族传统体育文化科学研究和文化氛围营造。从"文化自觉"和"文化认同"的角度来看,这些措施主要针对中华民族和民族传统体育文化,强调了思想上的重视和实践中的广泛有效性,涉及民众个体、个体和中华民族、中华民族和世界各民族三个维度。在实践中,借助"中国化"语言,树立自己的身份,对解决当代人类面临的问题,突出中国优秀的传统体育文化具有重要启示。塑造自己的"文化形象",认同自己的"文化身份"。

（四）完善传承发展制度

正确理解传统文化与现代文化在民族传统体育文化传承过程中的冲突，积极引领传统体育文化的发展进程，建立和完善传统体育文化的传承制度，促进民族传统体育文化发展思想的形成。建立国家对传统体育文化继承和发展的具体保障制度，有利于在发展过程中具有科学基础地传承传统体育文化，符合科学、合理的发展规律。国家提供足够的物质基础，为体育文化传承提供足够的财政支持，重视相关传统体育活动的推广和发展。借鉴其他国家在传统文化发展方面的一些优秀经验，可以使中国解决传统体育文化与现代体育文化之间的冲突，使其有效地整合，更符合现代人对体育活动的实际需要。中国弘扬民族传统体育运动，完善相关法律法规。强调提升广大人民群众身心健康，全面健身在我国已上升到国家发展战略的重要层面。因此，在这样的背景下，我们应该有机地结合民族传统体育文化和现代体育文化各自的优点，满足不同层次人民群众的健身需求，同时进行科学合理的筛选，抓住其精髓，丢弃其渣滓。结合人们的身心特点，我们要跟上时代的步伐，适当创新部分传统体育活动，最大化体育的健康功能，使其更符合时代发展的要求。

（五）创建民族体育文化保护区和文化节

西方体育运动的普及和全球文化一体化给我国传统体育文化的继承和发展带来了一定的困难。因此，我国应该保护、继承和推广民族体育文化。我国可以在有历史特色的民族传统体育文化区创造保护区，同时保护周围坏境资源，减少对自然的破坏，促进人与自然的和谐，结合保护区独特的优势和资源，可以科学合理开发利用，如中国政府的体育产业发展政策，可以使地方独特资源成为优势，打造传统体育文化小镇，制定传承人登记制度，对濒临消亡的体育文化可以利用现代技术结合文字、图书和视频等方式进行保存、建档。此外，中国可以有效地将文化节和运动会结合起来，建立传统体育文化节，定期组织和举办民族传统体育运动会。

（六）加强教育推广

学校是民族传统体育文化继承和发展的一个重要场所，要积极将优秀的民族传统体育文化融入学校体育教学。结合学校发展的实际情况和资源优势，相关部门应最大程度地发展和利用传统体育文化，编写相关教材，促进民族传统体育文化教学体系的形成和逐步成熟。在教材的编写过程中，相关传统体育项目的标准、名称、技术运动等内容需要统一，要坚持寻求共同点，保留差异。政府应制定相关的保障政策来支持，对学校提出相应的指导，促进学生从童年形成传统体育文化传承和发展意识形态，让教育工作者提升传统体育文化教学理念，制定教学策略，结合教育课标，有效地实现民族传统体育文化的发展。此外，中国应利用现代信息技术的发展，加强媒体的推广和宣传，让大众更了解民族传统体育文化，鼓励人们参与传统体育文化的传承和发展。

第三章 民族传统体育教学理论知识

本章是民族传统体育教学的理论知识，主要包括三个方面：民族传统体育与大学体育的融合、民族传统体育教学的原则和组织管理、民族传统体育教学方法和教学体系。

第一节 民族传统体育与高校体育融合

一、民族传统体育与高校体育融合的意义

（一）学校层面

1. 有助于促进高校体育教学的多元性

在高校体育教学内容中，由于国家传统体育的加入而更加丰富，大学体育过去的教学内容主要是中小学体育教学项目优先，没有更深入的理论和技能，年轻的大学生喜欢挑战新鲜的东西，所以没有兴趣学习这些内容。虽然传统的民族体育根植于国家，但对于一些传统项目，年轻学生了解甚少或看不到其意义，由体育老师带领学生进行系统理论学习和实践，好奇心将得到满足，看到民族传统体育如此丰富的内容，学生的学习热情将大大提高。

2. 有助于为高校体育投资节省成本

各高校体育建设一直被国家关注，特别是高校体育投资近年来逐年增加，但由于需求大，还需要时间来建设现代体育设施，以充分满足每个大学的需要。而几乎不需要花多少钱，传统民族体育就可以很好地完成，传统体育也不依赖设备，通过自己的施行就可以取得很好的效果，这也是我国劳动人民的伟大智慧。这样，

就降低了高校教育中的硬件设备的成本,从而加强了科研项目和高校的体育教育。

3. 有助于丰富高校体育课程资源

多样性和民族性是中国传统民族体育的特点。民族传统体育共有977种形式,其中只有301种为汉族体育,其余为少数民族体育,充分体现了中国民族传统体育文化的多样性和民族性。每个民族都有不止一个的体育活动和文化活动。如果这些运动可以集中到大学课程,大学体育课程的建设可以丰富,将大学体育课程丰富起来,从而提高学生对体育课程的兴趣,促进大学生学习体育项目的热情。生活文化与体育文化的有效结合被纳入传统民族体育运动,而这样的民族传统体育文化在高校校园体育文化之中的融入,能够有效地让高校体育课程得到丰富,因此形成多样化、丰富化的高校体育课程,并具有更高的渗透力以及凝聚力,从而更好地发展高校体育。另外,丰富的中国民族传统体育生活文化和传统体育活动蕴含的观念和意象存在于传统民族体育中。在大学校园体育文化中,这些文化、观念和意象可以进一步丰富大学校园体育文化的建设,促进大学体育课程资源进一步开发和利用。在高校体育教育中,民族传统体育也可以得到有效的升华和继承,从而可以有效地交流体育文化的理论和实践。通过民族传统体育文化在高校的传播和高校体育课程资源的多样化整合,高校可以更好地消化和吸收传统民族体育文化。

(二)学生层面

1. 有助于改善人际关系

学生的学习节奏在现代社会中不断加快,在这样的学习环境中学生越来越喜欢将自己封闭起来,这样就难以实现学生之间、学生与教师之间的交流与沟通,学生之间与师生之间很难通过接触营造和谐的校园氛围,会不断淡化师生与学生之间的感情。如果没有一些特殊的活动,学生整天埋头学习,很难与其他人进行接触与交流。打破这种局面的办法就是参加传统民族体育运动,不论在地域、性别、信仰等方面有多大的不同,学生一旦参与到民族传统体育运动的锻炼中,他们就很容易接触、交流与互相学习,这种时候,他们所形成的人际关系是融洽、和谐的。学生通过参与运动互相传达信息,交流自己的心得,互通有无,就会不断拉近心与心的距离。在运动中学生能够结识很多朋友,他们之间保持着一种良好的人际关系,相互帮助,对于以后在社会上的生存与发展是有利的。

2. 有助于培养学生竞争意识和协作精神

民族传统体育运动形式的多种多样是民族传统体育运动对学生有着强烈吸引力的主要原因，学生会因内容丰富多彩而积极参与其中。竞争与拼搏的精神始终贯穿在民族传统体育活动与体育比赛中。即使是充满娱乐性的民族传统体育游戏，也会从其中反映出强烈的竞争性。参加体育竞赛，参与民族传统体育运动，能够促进学生自身增强竞争意识，有助于培养自身团结合作精神。所以，民族传统体育运动能促进学生竞争能力的培养和团结精神的养成。激烈的竞争性和超强的集体配合性在民族传统体育运动中都有表现，参与其中不但能够促进学生自身技能的充分发挥，不断提高自身体能、技能与心理水平，而且能够使学生自觉遵循规则，与同伴团结协作、相互配合习惯的养成，反过来，这些也会促进集体性民族传统体育活动的顺利开展和取得良好的效果。

3. 有助于学生德行修养的提高

学生通过参与其中能够促进自身形成良好的品德，这是民族传统体育运动另外一个重要的社会实践价值。一个人自身良好品德的形成在一定程度上会受到理想、信念等的影响，学生的德行修养会受到有很强实践性特征的民族传统体育运动的影响。学生的思想品德与心理素质等方面接受的教育现阶段比较欠缺，因此很容易出现一些不良的心理问题，如社会责任感缺乏、自私等。民族传统体育运动具有很强的合作性特征，在参与过程中，学生之间需要相互协作才能完成一些活动任务，所以，民族传统体育运动的参与，能够培养学生良好的个性品质与美好品德，使其成为一个自信勇敢、自强自立的人。

4. 有助于增强学生爱国情感

中国悠久的历史和文化包含在中华民族的传统体育活动之中。传统体育活动的发展可以在一些传统节日中看到。经过数百年的细化和演变，这种民间体育活动终于形成了中华民族独特的文化瑰宝。在高校体育课程、高校体育教学中融入传统体育文化，是一种中国优秀传统文化的弘扬和传承，可以激发学生的爱国主义，引导学生感受中国传统文化的魅力，让学生体育人文素养提升，也是一种激励大学生爱国主义情感的表达形式。将传统民族体育融入大学校园体育文化，使学生深入了解多民族历史文化，通过学习传统体育文化的理论和实践，进一步提高学生传统体育文化的认知。传统民族体育在大学校园体育文化中广泛传播，使大学生能够进一步感受到中国传统体育文化的魅力,促进大学体育与传统民族体育的融合和发展,并在大学校园中进一步展示和继承传统民族体育。在高校广泛传播具有地域特色的民族传统体育文化,可以加深大学生对历史文化的认识,增强大学生对中国民族体育文化的学习热情,进一步发扬中国传统民族体育文化,进一步加深大学生对中国传统体育文化的热爱和理解,明确学习和对中国传统体育传承的意义,增强大学生的民族自豪感和爱国主义精神。

(三)民族传统体育层面

将多民族的信仰、行为、生活方式、历史渊源、习俗纳入民族传统体育文化,有效地将民族传统体育文化融入高校体育教育,使当代大学生能够获得民族共同意识,加强民族认同,传承民族文化。民族传统体育与高校体育的一体化发展是体育的多元化发展方式。民族传统体育文化除了具有体育教育的形态外,还具有高度的凝聚力和组织结构形态,有效地把民族传统体育文化融入高校校园体育文化建设中,能够通过体育文化教育的传承,进一步拓展多民族的体育文化精神。更好地融合多元化的民族传统体育文化和校园体育的文化特征,从而更好地传承与弘扬我国多民族的传统体育文化。对中华优秀传统体育文化的培养,在高校校园体育文化建设中,某种程度上进一步彰显与传承了民族精神,它更好地丰富和拓展了我国高校的体育教育。高校校园体育文化创新了民族传统体育文化,进一步促进和形成了两者的相互依存和一体化发展。

二、民族传统体育与高校体育融合的现状

(一)高校体育教学中涉及民族传统体育内容较少

目前,大多数大学应用的体育教学课程以现代竞技体育为主,没有全国传统民族体育系列内容课程。这些课程基本上与在中国有数千年历史和文化的民族传统体育教育无关。如果只是让学生锻炼一个强壮的身体,选择什么样的教科书对体育课程没有太大的影响。然而,这将造成学生只拥有强壮的身体,不知道当地悠久的历史和文化的后果,地区特色就此丧失是非常令人遗憾的。对比传统体育和现有体育课程的教材会发现许多高校的民族体育教学相对单一,只有少数高校提供相关课程。不仅如此,在体育教学中,民族传统体育项目的比例也很低。在

一般情况下，体育活动已经很容易被其他学科所占据，这也减少了学生学习国家传统体育活动的机会。因此，为了满足大学生健康发展的要求，相关部门应提高传统民族体育在教学课标中的比例。

（二）学生在高校的体育活动中相关的传统体育教材更少

近年来，高校逐渐将民族体育的内容加入教学过程中。与追求更高、更快、更强的体育教学模式相比，这些教学方法更符合现实生活，更符合"人性化、健康第一"的核心。高校在完成教学任务的同时，也要注意学生的兴趣爱好。然而，就目前我国高校民族体育教学课程而言，其内容相对单一，相关性较少，不利于我国民族传统体育的发展。目前，一些高校根据自身情况和学生的基本情况，慢慢开放了珍珠球、武术、民族摔跤、捡球等传统民族体育项目。然而，有更多的学生没有这样的条件，他们甚至可能还没有见过这些传统的民族体育项目。这种情况不利于民族传统体育运动的继承和发展，也不利于学生的长期发展。作为高校体育教学的执行人，高校将尽快安排适合当地民族习俗的传统民族体育课程，这将有效地促进民族体育的快速发展，也是实现民族体育教学现代化的唯一途径。

（三）高校缺少民族传统体育教育的专业老师

传统民族体育的发展并不是几所高校的任务，也不仅是极少数民族传统体育专业教师的工作，更不用说几所高校的学生了。对于国家传统体育的发展，这些只是九牛一毛，需要所有体育教学工作者一起完成。许多高校的大部分体育学科仍是现代竞技项目，因此体育院校培养的大多数是现代竞技体育人才，相应地传统民族体育相关人才会减少。大多数大学民族传统体育相关专业的教师数量相对较少，因缺少同专业老师的对比和监督，这些教师在教学过程中教学行为的标准化和授课流程中教学过程的随意性方面可能存在一些问题。在这种情况下，学生很难取得很大的进步。

（四）由探索、挖掘逐步转变为实践探索

目前，高校传统体育文化与体育教育的综合发展并不乐观。在体育方面，由于不同地区的民俗习惯不同，我们无法有效地制定和实施统一的方案。在此背景下，一些地区仍在探索和挖掘，寻找大学体育与传统民族体育综合发展的契合点。高校体育教育与民族传统体育融合发展，根据各地民俗性、文化性、地域性等条

件的不同，它正逐渐从勘探和挖掘阶段向实践阶段转变。一些高校已经认识到，在新时代，高校体育与民族传统体育文化的有效融合并不是一种简单的文化宣传手段，两者的融合包含了中国体育的核心思想，是实现高校体育发展的重要途径。

（五）高校体育与民族传统体育融合发展凸显全程育人功能

在当前条件下，一些高校认为，对民族传统体育内涵的有效研究可以使高校体育和校园体育文化建设彰显在养生、修养、助学的多种作用价值体现，而不仅仅是停留在竞技体育的学习。多民族、多样化体育融合的实现，使体育活动既能够使高校形成体育教育的一种精神上的突破，也能够在竞技赛场彰显自己的魅力，能够促进大学生自我克服、挑战自我，传承和推进民族文化精神的个性化发展，使我们的新一代大学生能够有更高的素质和修养。民族传统体育不仅教育和锻炼学生的运动技能、身体素质和意志力等，还在一定程度上实现了一种民族传统文化学习教育，通过民族传统体育文化和高校体育融合发展，使高校体育教育的全过程功能突出。

（六）民族传统体育融入高校体育教育优势把握不到位

目前，师生们都不重视将传统民族体育融入高校体育教育所带来的优势。因此，学生对民族体育的特点没有深刻的了解，参与程度不高，不能加强学生与传统民族体育之间的交流。所以，学生自然无法意识到民族体育的优势和传统民族体育存在的意义，大学生具有较强的自我意识，一旦掌握不了学习的优势或者说没有了解到民族体育项目存在的意义，那么就不会踊跃地去学习民族传统体育，也没有学习民族体育的热情，学生普遍参与度就会不高，同样，如果教师不重视把握教育的这一优势，那么传统民族体育的丰富优势就没有体现在大学校园体育文化的建设中，就不能使大学体育教育的总体目标的完成得以实现。

三、民族传统体育与高校体育融合发展的对策

（一）结合高校民族传统体育发展实际培养合格师资

1. 加强民族传统体育专业人才的培养

保证民族传统体育发展的基本条件是民族传统体育专业人员的数量和素质，

这也是完善民族传统体育理论必不可少的条件。目前，高校发展民族传统体育的基础，是培养具有高校民族传统体育教学和科研能力的专业人才。由于我国民族传统体育数量较多，为了合理协调民族传统体育的发展，应将人才培养为接近多面手的模式，扩大专业人才的知识面，现有的人才培养结构进行调整，使其更全面地把握传统体育的技术和理论，促进传统体育的全面发展。

2. 提高现有高校民族传统体育教师的业务水平

与高校传统体育教师的专业项目有关，目前高校发展全国传统体育项目单一，主要集中在散打和武术套路，在学校期间，这些教师优先学习这些内容，因此在教学中只能围绕其专业内容展开，也直接影响到全国传统体育的广泛发展。教育部、省教育厅对这种情况可以支持主要体育高校，根据需要和目前高校的实际情况，创造各种条件，举办各种民族传统体育高校教师培训课程。学校还应安排和鼓励在职教师以有目的和有计划的方式在专业学校学习和进修。不仅要注重培养广泛的民族传统体育技能，而且要深入研究民族传统体育的各种健身、保健的功能机制，掌握其科学的理论方法，以培养能够满足新世纪教师要求的合格教师，推广高校传统体育内容及相关理论。

（二）加强教材建设，突出教材的民族性、知识性

教材不仅影响国家传统体育教学工作，且对学生掌握运动技能和理论知识相结合的作用更大，体育教师必要的工具，是标准化、系统、科学的理论教材，这也是学生掌握国家传统体育技术和运动的知识指南，编写教材不仅要包括技术内容，还要体现创新、实用性和可读性，让学生能够吸收理论知识，培养运动兴趣。根据学生的兴趣爱好和性别的不同要求，丰富高校民族传统体育的开展内容，开设有关的课程，并注重传授民族传统体育理论，大力培养合格师资，面对高校民族传统体育发展的实际，创编特色教材，丰富民族传统体育课外活动，达到课内外一体化。另外也可根据不同民族传统体育项目的特点，开展表演活动和竞赛，以推动民族传统体育的普及和发展。

（三）创造民族传统体育发展的良好环境

从目前的发展形势来看，许多传统民族体育文化正在逐渐消失，这一现象的出现与传统民族体育的发展环境密切相关。人们要重视民族传统体育文化的生存环境，尊重民族文化的多样性，为民族传统体育创造良好的环境。学校体育与传统民族体育文化的融合，是学校体育教学改革创新的系统工程，也是一个长期发展的过程。民族传统体育文化的内涵和价值必须通过学校体育教育加以肯定，作为学校体育文化建设的一部分，可以促进体育教育的改革。在新时代的背景下，国家传统体育运动的推广和传播也需要依靠现代媒体资源作为媒介。学生应改变对传统体育文化的认识，积极加入学习传统体育文化的团队。同时，民族传统体育的继承和发展，在新时代的背景下，也可以创新地整合一些优秀的时代背景元素，进一步改变学生对传统体育文化的认知，引导学生积极参与。根据学生的兴趣和身体特点，体育教师可以选择合适的传统体育训练方式，以振兴传统体育。可以挑选部分适用各个年龄段学生的如跳绳、毽球、木球等简单且易于开展的传统体育项目进行教学。在教学过程中，教师应引导学生了解这些传统的体育项目，包括典故来源、历史背景等，并教学生正确的实践方法，使学生产生情感共鸣和文化认同，培养学生集体合作的团队凝聚力。

（四）加强媒体对于民族传统体育相关内容的宣传

民族传统体育需要社会各界积极参与到保护和传承中去，它属于非物质文化遗产的一部分。人们要意识到民族传统体育的重要性，意识到非物质文化遗产对未来的重要性，形成非物质文化遗产的自我保护意愿，进一步加强民族传统体育的宣传，有效提高其社会影响力。学校要以各种现代媒体为渠道，向学生广泛宣传传统民族体育知识，帮助学生了解传统民族体育的健身方法和价值，使更多的年轻人积极理解传统民族体育的广泛意义并喜爱它。

（五）把握民族传统体育的优势

我国是具有5000年文明史的国度，汇集在一起的民族有56个，各民族均有自己的体育文化以及体育活动项目，民族体育项目也呈多样式发展，如何将丰富的体育多样性融入高校体育教育，值得深入研究。中国大多数传统的民族体育成长在农业时代，与时代同步，代代相传，直到今天，仍然扎根于广大的农村地区，传统的民族体育从农业演变而来，具有我国劳动人民的优秀品质，并且拥有着浓厚的历史文化特色。对民族传统体育项目来说，这也是一个优势，民族传统体育应把握住这一先天优势，并将其融入高校体育教育中，可使高校体育得到创造性发展，将我国乡村优秀的本土传统文化引入高校校园体育文化建设中，可使爱国主义教育内容更加丰富，增强学生的民族自豪感和爱国主义精神，促进体育进一步快速发展，使高校体育成为高校教育改革进程的推进器。

（六）注重培养民族传统体育传承人

为了加强校园体育文化和传统体育文化的融合发展，给我国传统体育的发展奠定基础，应重视专项传统体育传承人的培养。需要有传承人继承和发扬中华民族传统体育文化，通过有效结合民族传统体育和高校体育教育，进一步挖掘民族传统体育文化的内涵，这一文化内涵进一步通过实践被学习和掌握，可以使我国民族传统体育更好地发展。在我国体育复兴中，需要具备高专业技能、高素质、专项的民族传统体育文化人才，为了使民族传统体育更好地向社会传播，进一步发展中国民族传统体育活动，需要不断培养民族传统体育和民族传统体育活动后继者，拥有足够的传承人，民族传统体育才能对实现中国体育强国的目标具有一定的价值。在体育强国的文化背景下，需要注重民族传统体育的接班人的培养，才能使我国民族传统体育文化进一步传播，并形成民族传统体育文化的有效交流，让体育强国的支撑系统真正形成，让中国民族传统体育文化精神得以登上国际舞台，早日实现中国体育强国的伟大目标。

"体育承载着国家强盛、民族振兴的梦想。体育强则中国强，国运兴则体育兴。"高校教育的核心环节是坚持立德树人，教育教学、思想政治工作全程，实现全员育人，全过程育人、全方位育人，对各类思想政治资源充分挖掘，发挥好各门课程的教育作用，提高人才培养的质量。体育作为大学教育的重要组成部分，应跟上时代的步伐，加强大学体育与中国民族传统体育的有机融合，进一步培养中国体育人才，进一步继承和发展中国传统体育。让体育教育功能充分发挥，努力培养和提高学生的道德素质、品质、创造个性和专业奉献、人文素质和沟通能力、民族团结和爱国主义精神、身心素质和自我提升精神、终身体育和竞争意识。培养大学生独立锻炼的能力和锻炼习惯，从而提高他们的身体素质，使每个大学生都能锻炼和传播体育精神。

第二节 民族传统体育教学的原则与组织管理

一、民族传统体育教学的原则

虽然民族传统体育教学取得了一定的成就，但也存在一些问题。特别是在形成终身运动能力和习惯方面，我国还没有达到应有的程度。学校之所以加强体育教育，是因为与中国人民的体育素质、民族感受和心理感受相一致的民族传统体育内容并没有得到良好的普及。另外，在教学中也没有起到主导性的作用，在原有基础上，应当确立一定的原则，并加大民族传统体育教学的比重。

因地制宜的原则、安全第一的原则、团队协作的原则、寓教于乐的原则、启发教学的原则，这几个原则需要在民族传统体育教学过程中遵循。

（一）因地制宜的原则

因地制宜，指根据地域的情况制订特殊的措施与方法。民族传统体育具有地域性，所以在教学中必须遵循这一原则，不能在北方寒冷之地进行龙舟竞渡的教学，不能在南方炎热之地进行冰嬉的教学，最好的教学方式是把每个民族自身独特的民族传统体育作为教学的重点，而不是在自己的地区进行其他地域性较强的传统体育教学，这样才能更高效地完成教学任务，达成教学目标。另外，如果某项民族传统体育在该地无法开展，缺乏适合的地理条件，但是考虑到该运动对学生十分有益，那么也可以考虑适当对传统体育进行开发和创新，让该项目能够具有更广阔的发展空间。

（二）安全第一的原则

可以说，自近现代体育课程兴起，安全就从未离开过大家的视野，教学安全是稳定教学、长期教学的重要保证和前提，教学安全不仅关系到学生个体与其家庭的安全与幸福，更关系到社会发展、教育事业改革等多个层面，例如，藏族传统运动"朵加"，抱沉重的大石头时，如果不提前进行安全教学，不注重动作的规范，极容易导致腰椎受损这样严重的后果。

遵循安全第一的原则，要做到如下几点：

第一，要提高民族传统体育教师对安全教学的认知和重视，真正从内心做到重视安全；

第二，要加强体育课程事故的防范，在课程开展前，要先制订体育教学安全预案，要把安全第一作为校内一切力量共同坚守的准则，做到防患于未然，假如课程中出现一定的事故，也要责任明确、处理得当；

第三，要按照既定的教学方案、教学课标进行传统体育教学，对于运动器械使用也要详细介绍，包括器械的安全放置、检查和使用，运动损伤的预防与保护等。

（三）团队协作的原则

在民族传统体育中，有很多需要团队才能完成的项目，例如龙舟竞渡、赛独木舟、马球、击鞠、捶丸、抢花炮、拔河等运动，这就需要团队协作的精神，通过团队协作，能够产生一股强大而持久的力量，使每一个平凡的个人组成一个不平凡的群体。

队员之间在训练中需要有良好的默契，以此让双方的各个动作更好地配合，充分体现团结合作的精神和意识。每个人都要明确地知道这个项目是大家一起的，仅靠某个人的力量是完成不了的，只有这样，才能充分展现其技术动作，从而赢得最后的胜利。所以，在民族传统体育教学中必须遵循这一原则，要让每一个小团队都能建立起互相信任之感。首先，要教育团队内的学生自如地、迅速地、心平气和地表达自己的想法，面对自己的失败。其次，教育团队内的学生要有彼此负责的态度，没有冲突的团队是不可能的，但是要用负责的态度去抵消冲突，发扬传统体育中协作的精神。

（四）寓教于乐的原则

民族传统体育博大精深，包含范围比较广，有些项目可能并不受当代年轻人的喜爱，例如象棋、围棋、风筝、太清导引养生经、养生方导引法、五禽戏、易筋经等，但是它们都是中国体育历史中的精华，这就需要教师遵循寓教于乐的原则，为稍显枯燥乏味的教学过程增添一丝趣味性，以此来激发学生学习的积极性。

这种寓教于乐的方法由来已久，古希腊就有游戏教学的思想，雅典城邦极为重视玩具教学的作用，柏拉图在《理想国》中认为，游戏并不单单代表玩耍和享乐，它能取得知识教育、道德教化所无法获得的效果。到公元11世纪，我国也出现明确关于游戏教学的相关论述，有学者发表了"教人未见意趣，必不乐学"

的观点。近代社会，福禄贝尔、蒙台梭利等著名教育家也强烈表明寓教于乐的重要性，虽然他们主要研究的是幼儿教育，但是教育学寓教于乐这种基本原则是普遍适应的。所以，传统体育教学必须注重多样性、地方性、趣味性，以及注重时代性，时代在发展，体育的传统方式也应当处于变化之中，从而更加适应当代社会的发展趋向。

（五）启发教学的原则

启发教学，指教师在教学活动中通过启发的方法，激发学生的学习兴趣，让学生从自身思维中意识到学习的重要性，能够较大程度提升教学效率。

我们认为启发教学在民族传统体育教学中也值得重视，这是因为，虽然有些运动简单易行，例如休闲娱乐类的传统体育，但是还有很多传统体育不只是身体的"操劳"，而需要理论与实践的结合，身体与精神的统一，正如武术运动，它是既有很高的技艺要求，又有很高的学术性要求的体育运动项目。

在启发教学过程中，要注重举一反三，介绍和讲解某一种运动项目时，要通过该运动与其他运动的相似性，进行灵活的教学，使学生能够了解更多体育的知识。例如，在进行传统蹴鞠教学的同时，为学生讲解相似的其他球类运动，包括马球、击鞠等，这样能在比较短的时间内，教授更多的传统体育相关知识，也能开拓学生对于民族传统体育的视野。

二、民族传统体育教学的组织管理

体育教师要想提高民族传统体育教学的质量和效果，首先就要将自身的教学组织与管理水平提高，这是上好民族传统体育教学课的基本保证。民族传统体育教学组织管理的基本内容将在本节重点讲解，希望对体育教师提高自己的教学组织管理水平有所帮助。

（一）民族传统体育教学设施的管理

1. 民族传统体育教学场地的管理

教学设施管理中的一项基本工作是管理民族传统体育教学场地。体育场馆与学校民族传统体育教学工作的顺利进行有着较为密切的联系，这就表示着民族传统体育教学场地的管理需要重视，它需要注意以下几个方面的要求。

（1）功能齐全，搭配合理

民族传统体育场馆为了保障民族传统体育教学活动的顺利开展，它的功能要搭配合理，专馆专用，并且必须要满足教学需求。

（2）分门别类，秩序井然

分门别类，秩序井然是民族传统体育场馆内体育器材的摆放必须要做到的，对其进行分类主要依据应该是使用频率。通常情况下，为了便于教学活动的顺利开展，经常使用的大型器材要按固定位置摆放，小型器材定点存放。

（3）卫生整洁，环境幽雅

良好的体育教学环境，能提高师生教学互动的欲望，进而使教学的质量和效果得到提高。民族传统体育教学场馆因此必须要做到安全、整洁、环境幽雅。民族传统体育器材和场馆地面的卫生要得到充分保证，相应的消毒和保洁工作要定期进行，有力地保证师生的身体健康。

（4）制度健全，责任分明

管理民族传统体育场馆是一项长期、艰巨、细致的工作，需要制度化，施行责任制。在管理民族传统体育教学场地的过程中，进行制度化、常规化管理，施行岗位责任制是非常有必要的。

2.民族传统体育教学器材的管理

由于器材需要分门别类和经常性地进行保养和维护，因此可以说在民族传统体育教学中民族传统体育教学器材的管理是一项非常烦琐的工作。这就要求程序化、制度化地操作学校体育器材管理工作，具体应该从以下几个方面入手。

（1）对体育器材的放置要分门别类

要根据相应的标准进行分门别类的放置体育教学器材，通常情况下，可以按照使用频率、形状、材质等分别放置，武术器械等一般来说要上架，整齐摆放。

（2）上课期间器材管理员要坚守岗位

器材管理员要有计划、按部就班地完成每天的工作任务。一般来说，打扫卫生、整理场地器材等方面的工作要在上课前完成；器材管理员上课期间要随时准备协助任课教师应对计划改变、器材损坏等突发事件，保证能顺利开展教学活动。

（3）保持体育器材室的卫生

经常保持优美舒适的教学环境，是非常有利于师生的身体健康的。体育器材室内卫生工作的频率通常为每天一小扫，每周一中扫，每月一大扫，应该随时保持干净整洁的状态。在进行卫生工作时，要仔细清理每个角落。

（4）外借体育器材时要按规定办理手续

体育器材管理人员应该做到以下要求：首先，给任课教师提供器材时一定要遵循教学规律，做到按时、按项目、按量，不随意外借器材；其次，要根据教学的需要，由体育教师填写器材申请单，学生凭体育教师签名的申请单到器材室领取器材；再次，课外活动时间，由体育器材的使用部门提出申请，经体育部负责人批准后方能借出，并要求使用后立刻归还。

（二）民族传统体育课程的组织原则

1. 根据体育课程特点组织教学

在民族传统体育教学实践过程中，教师应当把民族、传统、体能、技巧、理论、文化相结合，打造出一套比较全面的教学组织体系，以此更加有效、更加全面地开展教学。

此外，教学还应当抓好民族传统体育课程中不同阶段的组织教学，总的来看，课程分为开始、准备、教学、结尾四部分，每个部分学生的情绪特点不同，所以课程的不同阶段都具有不同的特点，为了更好地适应这种特点，要极力避免课程虎头蛇尾、前紧后松，不可开始、准备过程十分严谨，而在真正开始课程后则"不闻不问"，任由学生随意活动。应当提前布置好传统体育需要的器械、物品，然后在课程中指导、指引学生认清课程主要学习的目标，按照目标而运动，而不是每个人都分散自己的注意力。

2. 根据民族传统体育类别组织教学

民族传统体育教学中，针对不同的体育项目，需要不同的组织教学方式，针对同一项目的不同学生，也需要不同的组织教学方式。例如，对小学生进行跳山羊、跳皮筋等运动教学需要体现寓教于乐、以玩为主的特点，学生掌握相关的动作、规则，能在体育活动中锻炼身体、激活思维、养成乐观开朗的性格即可；而对于大学生进行此类课程教学则需要注重培养学生们的积极性与竞技性，他们应当学习和掌握关于民族传统体育运动更加系统化的理论与实践方式，以获得比赛中的胜利为目标。

又比如，对相同年龄段的学生进行不同项目的教学，也需要根据体育项目各自的特点进行不同的组织方式，藏式的很多体育注重个人力量的崇拜，而很多的球类体育则注重群体协作，这都需要不同的教学组织形式，以此来提高教学效果。

（三）民族传统体育课程的组织方式

1. 强化课堂秩序

体育课相比文化课，一直具有较大的自由性，这种自由性既有一定的优势，也存在明显的劣势。优势在于，为平庸、平淡的日常教学活动增加更多趣味；劣势在于，如果秩序维持不好，很可能造成学生无视纪律、更加散漫的后果。例如，很多学生在传统体育课上喜欢打闹、闲聊，根本不会将注意力集中到体育老师的课程上；有些学生上课"开小差"，不听从老师的指挥与安排；有些学生干脆不去参加传统体育活动，无故旷课，这都是我们在体育教学中不想看到的情况。

所以，在体育课程的组织上，必须注重课程秩序的强化工作，第一，学生散漫的原因是多方面的，要真正去体会、去了解学生不服从秩序的原因；第二，针对不同的原因，教师应当充实自己的组织能力、教学能力，运用多样的管理方法，使学生认识到服从秩序的重要性，但是不可以滥用惩罚手段，甚至不尊重学生；第三，课余时间可以与学生进行思想交流，谈谈学生的理想，谈谈自己的教学思想，拉近彼此距离，通过这种方式，让学生能够做到内在的自律。

2. 提高竞争意识

在传统体育课堂中，个人与个人、团队与团队之间都存在或多或少的竞争关系，在开展各项趣味运动、游戏之时，应当把竞争意识传递给学生，让他们在教学中树立竞争意识，这样能够调动学生的积极性，让他们在传统体育的锻炼中更加刻苦勤奋，还能养成他们热爱体育的心态，不仅利于调动他们的积极性，还能为将来步入社会、进入工作岗位提供一定的帮助，以体育造就的积极性、主动性更快、更好地适应社会生活。

第三节　民族传统体育教学方法与教学体系

一、民族传统体育教学方法

（一）传统教学法

1. 语言法

在传统的全国高校体育教学中，采用各种形式的语言来指导学生掌握学习的内容，而实践的方法就是语言法。能将信息传达给学生是语言法的优势，正确使用语言法可以激发学生的思维，形成正确的认知，促进学生运动技能的形成，也可以培养学生分析和解决问题的能力；让学生积极学习和锻炼，和谐师生关系，活跃课堂氛围。讲解法、口令与指示、口头汇报、口头评价、默念与自我暗示等都是语言法的内容。

（1）讲解法

高校最常见的民族体育语言教学方式——讲解法是指教师解释教学任务、要求、内容、行动要点、行动名称等内容并向学生进行教学的方法。在理论教学、思想教育和技术教学中讲解法都起着重要的作用。教师在实践教学中运用语言，激发学生的积极思考，加深对教材内容的理解，是促进学生掌握技术和技能的基本途径。科学和艺术在很大程度上影响了教学效果，对讲解非常重要，是教师教学水平的一个重要标志。教师在教学过程中要不断总结经验，在语言表达上做到精益求精。在运用讲解法时，需要注意以下几点。

①讲解要明确目的

在高校传统民族体育教学中，教师要把握重点和难点，进行有目的、有针对性的讲解。教师必须根据教学内容、教学目标和学生的特点，选择相应的解释方式、解释内容、解释的速度和语气。

②讲解要有系统性和逻辑性

在使用讲解法时，应考虑教学大纲的要求和教材的特点，以及学生的认知规律等因素，从简单到复杂，从浅显到深入进行讲解。这就要求教师在高校民族传统体育教学中讲解的内容必须注重新旧知识的有机联系，做到科学、全面、完整。在解释技术动作时，我们应该注意顺序，一般按照"动作形式—用力顺序—动作幅度—衔接和速度—原理依据—动作节奏"等的顺序。此外，还必须使用专业的术语来描述运动的过程，身体每个动作的位置，运动的方式，以及身体和乐器之间的关系。

③讲解要具有启发性

在解释传统的民族体育运动时，教师使用的语言应该具有启发性，使学生能够充分利用自己的知识和经验来分析问题，有意识地解决技术上的错误，使他们更深刻地理解技术运动，并积极地、有意识地进行学习。老师在语言的问题上应该简单，让学生知道技术要求，并知道为什么，用一半的努力达到两倍的结果。

④讲解要简明生动

教师在运动技能教学中，要抓住重点，简洁明了地讲解所学内容。同时，民族传统体育运动技术具有鲜明的动作性，在教学中，我们应该利用学生所学到的体育技术或他们在生活中接触过的东西，使体育技术与他们联系起来，使学生对动作有更深入的了解。

⑤要注意讲解的时机和效果

教师应在传统的高校体育教学中运用讲解法，抓住有利的机会，帮助学生快速准确地掌握行动的要点，抓住最有利的解释机会。在学习某一国家传统体育项目行动的初期，学生不了解技术，此时我们应该详细解释分析技术的行动要点，学生基本掌握了技术后，则要针对错误进行讲解，应以精讲为主，让学生有更多的时间自己去练习和改正错误。教师要把握解释的机会，必须仔细观察和准确分析，抓住问题，及时解释，自然会得到好的效果。

⑥讲解要与示范结合

讲解和示范是相互补充的，讲解反映了技术的内部要求，示范主要是为了展示动作的外部形象。正确的解释，结合生动的动作演示，可以引导学生很好地将直觉感性和理性思维结合起来，教学效果也会更好。

（2）口令与指示

有确定的内容，有一定的形式和顺序，并以命令的方式指导学生活动的语言方式称之为口令，口令运用在如队列基本体操、队形练习、队伍调动等。口令的使用应根据人数、内容、对象、形状等特点来控制声音的大小、速度、节奏，并应做到响亮、清晰、准确、及时。用相对简洁的语言来组织和指导学生活动的语言方式被称为指示。口头指导首先被用来组织教学，如安排场地和打包设备；另一种是提示学生在练习中没有意识到的关键动作。口头指示应尽可能积极，尽可能准确、简洁、及时。

（3）口头评价与口头汇报

教师在高校民族传统体育教学过程中按一定的标准、要求，口头给学生进行一定评价的方法称为口头评价。口头评价是教师对学生知识、技术、技能掌握和思想风格的一种反馈，得到了广泛的应用。坚持积极的鼓励和评价，而消极的评价应注意谨慎和语气，口头评价应指出学生之后的学习方向并提供改进的方法。根据教师的要求，根据教学目标和自己的经验，学生简要解释自己的观点的语言方式称为口头汇报。在使用口头报告时，我们应提前做好相关的准备工作，并注意问题的内容、方法和时机。

（4）默念与自我暗示

在实践前，学生通过无声语言再现整个动作或整个动作的关键点、过程、时间和空间特征，而提高实践效果的语言方式称为默念。在练习过程中，暗自默念技术动作的关键字句，自我调控练习过程的语言方式称之为自我暗示。

2. 直观教学法

直观教学法，是指体育教师通过实际展示技术动作或借助外力，使学生直接感知动作的一种教学方法。学生主要通过视觉、触觉、听觉和肌肉本体感觉器官来感知运动。民族传统体育教学中最为常用的直观教学方法就是动作示范法。

教师或动作完成较为规范的学生以自身完成的动作作为教学的动作范例，来帮助其他学生进行技术动作学练的一种常用直观教学方法即是动作示范。我国民族传统体育内容非常丰富，有许多技术动作较为复杂的项目，因此，体育教师在民族传统体育教学过程中经常会通过动作示范来进行复杂技术动作的教学。通过高质量的、直观的动作示范，不仅对学生初步动作表象的建立有帮助，还可以让学生对学练更加感兴趣，帮助学生掌握正确的技术动作。作为一种非常重要的体育教学手段，高校教师在使用动作示范时一定要注意明确示范的目的，合理选择示范位置和时间，要突出动作的重点和难点，进行准确和优美的动作示范，教师还可以在必要时比较正确地纠正一些错误的动作，以便学生加深对正确的技术动作的理解。

3. 分解与完整教学法

（1）分解教学法

在民族传统体育教学过程中分解法也较为常用，它通过将一个完整的技术动作合理分解，然后对各个动作分别进行具体讲解，最终让学生充分掌握整个完整技术动作。分解教学法具有能将复杂难学的动作变得简单容易的功能，它能化繁为简，化难为易，从而简化了教学过程，有利于提高学生掌握复杂动作的效率，从而提高学生的学习信心。然而，分解的教学方法很容易破坏整体的动作结构，这将导致它难以形成正确的动作技术。所以，分解教学法一般在面对较为复杂的动作时才会采用，例如在学习太极拳中的"云手"动作时，要求学生手脚同时运动，还要做到上下协调，有较大难度，而通过分解教学法，则可以大大提高学生学习的进程。

（2）完整教学法

体育教师从头到尾统一的教学方法就是完整教学法。这种教学方法不会破坏动作各结构之间的内部联系，可以有效地保持技术动作的连贯性和完整性，有利于学生充分掌握正确的技术动作。但是，通常只有当技术动作相对简单，或虽然技术动作较为复杂，但难以分解技术或不破坏动作结构时，才会使用完整教学法。

4. 游戏、娱乐教学法

（1）"游戏"教学法

根据项目的特点、表达形式和学生对项目的认知状况，以游戏形式呈现教学技术动作的教学方法被恰当地称为"游戏"教学法。民族传统体育教育价值定位作为民族特色的综合性民间运动，旨在满足人们的身心需求和情感欲望，以普遍适应人们生活、游戏的需要，因此，使用游戏教学方法可以极大地激发学生的学习兴趣，让学生更好地体验国风民俗背后的技术，进一步掌握体育技术，实现身心和谐。

（2）"娱乐"教学法

"娱乐"教学法旨在让学生在完成技术行动的过程中获得更多的快乐，从而实现身心和谐、内外修复的目标。因此，教师在教学实施前，首先对全国传统体育项目充分挖掘各种"娱乐因素"，教师将这些可以触发学生不同情感体验的"娱乐因素"系统整合，利用全国传统体育娱乐因素的功能和特点，让学生在快乐的氛围中练习、指导、帮助学生完善相关知识的过程，让学生通过努力实现美丽、健康、感觉发自内心的愉悦状态，并获得运动技能。

（3)"体育生活化"教学法

民族传统体育源于生活，终身体育习惯的形成是发展民族传统体育的最重要目的。教学实施前，通过对教学方法的详细探索和研究，为项目提供更喜庆、地方化、国家化的内容，便是教师的生活教学方法，其让学生获得服务生活的实用能力，培养学生终身的运动习惯和能力。

（二）现代教学法

1. 多媒体演示教学法

多媒体演示教学法是一种现代教学新方法，通过借用现代媒介手段，它能帮助提高学生感知知识的能力和学习的积极性。学校教学随着现代科学技术的不断发展，运用了越来越多的先进教学技术，如在学校体育教学中，网络、多媒体等手段都起到了很好的辅助作用。我国高校的多媒体教学目前几乎都得到了普及，在民族传统体育教学过程中也开始逐渐使用，通过多媒体教学，教师改变了传统的学生被动接受信息式学习模式，以校园网络平台做成的网站型课件，对于调动学生的积极性和主动性具有特别的重要意义。此外，以往教授复杂技术动作的难题通过多媒体教学也能较好地解决，学生能更加生动、深刻地认识动作结构和掌握技术特点，极大地提高了教学质量和效果。

2. 自主学习教学法

许多新的教育思想随着我国体育教育改革的不断进行开始融入我国的学校教育中来。在我国高校教学过程中，对学生学习自主性的培养越来越受重视。以此为基础，产生和发展起了自主学习教学法。自主学习教学方法是为了实现全国高校传统体育教学的教学目标。在体育教师的指导下，学生根据自己的条件和需要，制定目标，选择内容，计划学习步骤，完成学习目标，以实现学习目标。通过自主学习的教学方法，教师可以有效地确立学生的学科地位，并很好地激发学生的学习热情，也能很好地提高学生的自我学习能力，学生终身体育的健康思想得到有效培养。同时也帮助教师提高其教学效果。而体育教师在运用自主学习教学方法时，主要有以下步骤。

（1）自定目标：根据学习目标，学生们会分析和评估自己的能力，充分发挥自己的潜力，并确定自己的学习目标。

（2）自主选择学习活动与学习方法：为了实现学习目标，并利用所学到的知识和现有的经验，学生为此合理地选择和安排具体的学习活动。

（3）自主评价：根据体育教育的学习目标，学生可以通过观察、分析和反思自己的学习状况，看到自己的进步和发展，发现自己的不足和问题。

（4）自我调控：学生应比较自己的学习目标，分析自己的学习情况，及时调整学习目标，改进学习方法和策略，即及时、适当地"纠偏"，以促进体育学习目标的实现。

3. 发现式教学法

问题教学法也就是发现式教学法，也是一种现代的重视学生主体地位的教学方法。它是一种以学生的好奇心、求知欲等心理特征为出发点，目标是培养学生的创造性思维，中心是解决问题，内容是一种结构化的教材，通过重新发现的步骤让学生学习的教学方法。教师在民族传统体育教学过程中运用发现式教学法时要注意以下要点。

（1）学生在教师提出问题或创设问题的情境中提出疑难和矛盾，之后带着问题，并按照教师提出的要求去探索。

（2）学生通过反复练习来掌握动作技术的基本原理和方法。

（3）通过教师的组织和指导，让学生提出自己的假设，通过实践自己验证，进行独立的讨论和辩论，总结行动技术的原则和方法以及辩论的问题，得出共同的结论。

4. 探究式学习法

全国高校传统体育教师指导学生选择和确定研究课题，创造和研究类似的情况，通过学生独立发现问题、操作、实验、调查、收集和处理信息，表达和交流活动、体育技能、运动知识、情感和态度的发展，特殊发展是探索学习方法的精神和创新能力。在使用这种教学方法时，教师主要采用以下步骤。

（1）提出问题：体育教师应根据学生所学习的具体内容和学生所学习和掌握的知识和理论，向学生提出各种可能性的问题。

（2）分组讨论：在问完问题后，体育老师将学生分成几个学习小组，并要求每一组提出他们对问题的假设和解决方案。

（3）验证方案：根据教师的指导和要求，各组将假设和方案应用于体育教育和健康学习活动的实践中，完成对假设和方案的验证。

（4）评价与提高：教师根据小组探究的情况，对解决问题的过程和效果进行评价，进一步激发学生的探索热情，提高学生的创造性思维能力。

二、民族传统体育教学体系构建

（一）健全学科体系，丰富文化内涵

学校有其独有的优势与功能，培育人才、传承文明、汲取各民族传统文化精华促进民族团结是其主要责任。如今，我们已经逐渐步入"休闲时代"，对区域性传统体育活动进行传播与倡导，让不同区域、不同人群都能采用其作为健身方式，能够很大程度上促进人们的身体健康，使人们拥有更加强健的体魄。学校也应当承担起服务所在地经济、文化的义务。各相关职能部门要从当地实情出发，制订出更有针对性的、可操作性的各项政策，采取可落实的、行之有效的相关措施，建立、健全校内发展民族传统体育的机制，继而有力保障民族传统体育在学校体育发展过程中所居地位，最终有效调动各所学校开展民族传统体育教学以及相关训练的积极性，如此便能形成有利条件，进一步推动我国民族传统体育发展，营造良好的学校体育文化氛围。

建立民族传统体育学科体系并加以完善，主要表现在以下两方面：其一，由于当前正处于信息化时代，科学技术得到迅猛发展，因而在体育教学中也广泛对先进科技加以应用。而在建立健全民族传统体育研究的学科体系，促进新时代民族传统体育发展的过程中，"引进、吸收现代科学技术"无疑为其打下了牢固基础。第二，现代民族传统体育教学属于综合学科教学，广泛涉及多种学科教学内容，如体育学、文化学、民族学、民俗学等，因而在教学过程中，不能单独依靠体育教师的力量，而是应当积极寻求不同领域学者合作，通力协作进行研究。这也对民族传统体育教学工作者提出要求，需要其时刻保持严谨的科学态度、采用有效的科学方法来甄别、选择、分析民族传统体育。所以，对民族传统体育教学学科体系的建立、健全与完善，深刻影响着民族传统体育教学工作者对教学的组织与实施，并发挥着至关重要的作用。

当前，我们继续全面而深刻地分析民族传统体育的文化内涵，并从中对民族传统体育的本质特征进行探寻；对于民族传统体育中所蕴含的部分较为古老的命题，我们要充分运用现代理论对其进行诠释，使之"焕然一新"，具有全新的、符合时代要求的内涵；我们还要将现代体育的组织形式整合入民族传统体育中，使民族传统体育具有新的生命力。上述种种举措，对民族传统体育民族性、世界性的体现都发挥着重要作用，能够为我国民族传统体育的发展与复兴注入强大助推力。

（二）强调终身体育，推进课程改革

我们要认识到，在学生群体中开展体育教育，其目的是综合的，并非仅仅为了"强身健体"，更是为了养成学生的"终身体育"意识。形成"终身体育"思想，有助于良好体育运动健身习惯的形成，有助于身心健康发展，也有助于形成更为和谐、友好的人际关系，最终能够助推社会发展。所以，高校在开展民族传统体育教育的过程中，必须将"终身体育"思想贯彻到底，这样才能切实推动自身民族传统体育课程改革，保证改革方向的正确性，保证改革的有效性。当然，如今，我国各级各类学校的体育教学中，开展民族传统体育项目的时间还很短，相关课程建设水平较低，尚不够完善。通过对我国高校体育教学现状进行分析，不难看出，各大高校体育课的开展存在一项"通病"，那就是"年限较短"，所以我们需要有针对性地对其进行解决。例如，各高校可以将原本较短的本科体育课课时进行延长，并在此基础上，将体育课纳入高年级学生必修课范围，为体育课规定学分，统一进行管理；同时，各高校还可以成立、发展多样化的体育健身俱乐部，提升学生的参与积极性，让学生在课后自觉自愿地参加健身活动，这样也在无形中增加了学生学练民族传统体育运动的时间，有助于学生对锻炼方法的扎实掌握，也有利于保障高校开展民族传统体育教学的效果。

总而言之，在现阶段，对我国民族传统体育教学课程的改革推进是十分必要的，也具有重要价值，其能够对学生学习兴趣进行充分激发，为民族传统体育的发展实现促进提升，还能够使不同学校民族传统体育教学特色得到进一步彰显。

（三）加强教材建设，不断丰富内容

无论开展何种学科教学，都要把"教材"当作基础。当前，无论是我国中小学,还是我国各大高校,在开展体育教学的时候,所使用的民族传统体育教材都是全国统一的(其编写工作由国家教育部和体育总局组织专家进行)。想要进一步传承、发展我国民族传统体育文化,就需要我们对民族传统体育教材的建设予以重视、加以强化,将真正优秀的、实用的、有价值的民族传统体育系列教材创编而出。具体来说,本书认为,对优秀民族传统体育系列教材的创编应遵循以下几点:

其一,在编写民族传统体育教学教材时,要进一步提升其系统化、科学化。要着力创新编写内容,不能一味沿用旧内容、旧理论,要让教材中体现出有着丰富攻防内涵的精简套路,对传统文化教育、健身机理及武德教育等内容进一步充实与完善。

其二,在编写民族传统体育教学教材时,要对具有浓郁地方特色的民族传统体育进行充分的、广泛的吸收,切实体现出民族特点。

其三,要高度重视我国民族传统体育的国际化发展。例如,对于那些富有代表性的项目,我们可以采用双语形式将其编写入教材之中,这样各国在华留学生、华侨生学习起来就更为方便,也能够对东西方文化交流产生促进作用,有效地提升世界体育文化中我国传统体育所占地位。

(四)重视人才培养,增进文化传承

"人才"是文化传承最基本的保障。如今,对于我国民族传统体育教学来说,存在的一大问题就是"人才紧缺",这对我国民族传统体育事业发展来说,是十分严重的阻碍与制约。所以,各地区各职能部门(如体委、教委、民委及文化部门等)都应当强化配合,既要制订明确计划,将大批民族传统体育干部、体育教师、体育骨干培养出来,又要运用多种方法、通过多种渠道对多层次的民族传统体育人才进行培养,要对高等体育院校招收民族学生的名额逐渐扩大,对民族传统体育班进行开设,将更多民族传统体育后备人才培养出来。想要在学校体育中普及、提高学校体育,就必须进一步建设民族传统体育师资队伍,强化师资力量。本书认为,应当从以下三方面着眼:

1. 建立民族传统体育学科

20世纪80年代中期,我国就对民族传统体育学科的课程进行了开发实验,然而到如今,对民族传统体育学科的开发仍旧处于探索阶段,正在总结经验。步入新时代，社会正在飞速向前发展，学校着力深化体育教学改革，体育教师对自身发展需求也不断增加，在此基础上，想要进一步发展民族传统体育教学，就要求各学校将民族传统体育学科建立起来，对民族传统体育师资力量进行全面强化。从实践角度来说，就是要将具有主辅修专业经历的民族传统体育教师培养出来，对其进行鼓励，使其在实践教学中充分运用自身所具备的经验与知识。

2. 提高教师的理论知识和实践水平

如果一名教师不具备高水平、高能力、高素质，那么其所开展的教学也必然无法取得良好成效。对于学校民族传统体育教学而言，体育教师发挥着主导作用。体育教师将民族传统体育知识、技术、文化传授给学生，对其进行指导、鼓励，并对其学习情况进行考察与评价。当然，我们也要认识到，体育教师所承担的职责并非仅限于此，其还有更为重要的任务，那就是培养学生树立这样的观念：对身心健康的关注、对自身体质的增强属于所需承担的社会责任。总的来说，学校应不断提升现有教师的民族传统体育理论知识水平，提升他们的实践教学能力，具体可采用举办培训班、学习班、研讨会等方法。

3. 学校适当聘请民间艺人教学

如今，很多民族传统体育文化"岌岌可危"，很有可能随时间推移而消亡、失传。作为培养人才的主阵地，学校应当对民族传统体育文化教育资源的传承模式进行探索，承担起这份社会责任。具体来说，学校可以对民间艺人、专家学者进行聘任，请他们将宝贵的民族传统体育文化传授给学生，这样既有利于学生的进步，使他们成为今后民族传统体育教学的师资骨干与精英，也有利于民族传统体育文化的继承与发展。

（五）增加民族传统体育教学经费投入

就目前而言，在我国民族传统体育课程开发过程中，"中期流产""半途而废"等问题可谓屡见不鲜，究其原因，主要是课程开发实验经费不足、支持不足以及研究人员和实验学校无法协调等。从中我们可以发现，对于学校内民族传统体育发展而言，"资金不足"是很大的制约，因而，必须进一步加大资金投入力度。在资金投入方面，本书认为应遵循以下几点要求：

其一，要对重点民族传统体育项目的资金予以保障，对那些已经相对成熟的民族传统体育项目予以优先发展、重点发展，使其起到带动作用；其二，要对一般民族传统体育项目的资金予以兼顾，不能因为发展重点项目而忽略了一般民族传统体育项目。其三，要对民族传统体育场地、设施情况予以关注并进行改善，在今后建设体育场馆时，也要将民族传统体育场馆的建设考虑纳入规划之中，从而保障民族传统体育教学需求得到满足。

第四章　民族传统体育活动教学实践

本章为民族传统体育活动教学实践，主要通过四个方面进行论述，依次是民族传统体育搏击竞技活动、民族传统体育球类健身活动、民族传统体育娱乐休闲活动、民族传统体育养生保健活动。

第一节　民族传统体育搏击竞技活动

一、武术

(一)项目概述

人们通常将以技击动作为主要内容，以套路和格斗为运动形式，注重内外兼修的中国传统体育项目称为"武术"，它是中华民族在几千年历史进程中所创造、发展起来的，同时也是中国传统文化中的一个不可或缺的重要组成部分。

在我国的远古时期，其生产力还处于十分低下的状态，因此当时的原始先民用最早的技击术来与野兽或是敌人进行搏斗，并以此来达到求生的目的。

但之后随着生产力不断发展和提高，人们开始出现了除基本生存以外的精神生活，此时的武术便不再单单属于一种御敌自卫的功能而被使用，同时还成为了人们健身和娱乐的一种主要手段。但是，由于当时的各种因素，致使武术技术主要用于战斗之中。

在不同的历史时期，"武术"一词所代表的含义是不一样的。早在我国南朝文献中就曾出现过"武术"一词——"偃闭武术，阐扬文令。"那时，武术主要指军事活动，后来又被提升为自卫和保养身体的技术手法。

从某种意义上来讲，武术强烈反映了中国传统文化的特征。其表现在它的运动形式主要由两部分组成，即常规运动和战斗运动；它对武术的运用反映了传统的伦理观念；它的拳理完美体现了中国传统哲学思想；它的基本理论和中国传统医学、养生学密切相关。因此，我们可以将武术视为一种集防身、健身、修身养性于一体的体育运动。

（二）技术教学

1. 基本功

（1）肩功

①压肩

练习方法：在肋木或一定高度物体前开步站立，用双手对肋木进行抓握，向前俯身（上体），同时做出下振压肩的动作；或两个人站在彼此对面，扶按住对方肩膀，进行体前屈振动压肩；或让一人从旁协助，帮忙按压肩部。

动作要领：挺胸、塌腰，要伸直左右手臂、左右腿，逐步加大振幅，在肩部集中压点，让外力逐渐增加。

②握棍转肩

练习方法：两脚分开站立，双手之间保持一定距离，将木棍正握于体前，以肩关节为轴，将双臂从身体前经过头顶再向背后绕去，紧接着再从背后经过头顶向身体前面绕去。

动作要领：转肩的时候，不要弯曲双臂，我们可以从自身情况出发，对双手握棍的距离进行调节，做到由宽到窄。

③臂绕环

第一种为单臂绕环。身体摆出左弓步姿势，把左腿按在大腿上，或者让两脚保持开立状态，左手叉在腰间，继而上举右臂，从上向后、向下、向前绕环一周，为后绕环。将右臂从上向前、向下、向后绕环一周为前绕环。在练习过程中，可左右臂交替进行。

动作要领：伸直手臂、放松肩部，贴身划立圆，让速度逐渐变快。

第二种为双臂前后绕环。两脚分开站立，中间的距离和肩膀同宽，接着在身体两侧自然垂下手臂，让左臂和右臂分别由下向前、向上、向后做绕环。重复几次后，再做反方向绕环。

第三种为双臂交叉绕环。双脚分开站立，左臂右臂伸直向上举起，左臂向前、向下、向后；右臂向后、向下、向前，同时于身体两侧划立圆绕环。这样重复几次之后，再向反方向进行绕环。

（2）腰功

①前俯腰

双脚并拢站立，双手十指交叉，直臂上举，手心朝上，手背朝下；上身向前俯下，整体过程保持挺胸、塌腰，双手尽全力触摸地面；两手逐渐松开，用两只手绕过双腿，抱住两脚跟，使自己的上身、面部去贴合大腿与小腿。

动作要领：两腿始终保持挺直的状态，不可弯曲，上身往前俯下之时，要保持挺胸、塌腰、收臀。

②甩腰

甩腰主要是为了练习腰的爆发力和柔韧性。开步站立，双脚间距与肩同宽，双臂伸直往前举，以腰部作为轴心，上身缓慢做前后屈与甩腰的动作，双臂随之甩动。

动作要领：双腿始终保持绷直的状态，腰部保持放松，需注意的是后甩过程要抬头挺胸，需要做到快下快起，整个甩腰的动作过程紧凑有弹性。

③涮腰

双脚开步站立，间距稍稍宽于肩，上身向前俯，以髋关节为轴心，双臂向左前下方自然伸出，随后逐渐挥舞双臂，随上身转动而向前、右、后、左做出翻转绕环动作，左右两个方向分别交替进行。

动作要领：双腿始终保持绷直的状态，以腰部作为轴心，整个翻转过程要圆滑、灵活、灵动。

④下腰

下腰，也被称作"下桥"，指让人的整个身体像桥一样，双手与双脚全部贴地，并且尽可能地靠近。

双脚分开站立，间距与肩宽相等，左手扶把手，右手叉腰，首先找到头、腰的位置，然后头走最远的距离，往后卷大腰。

手从头顶、胸腰到耗腰的位置上，该过程使膝盖始终保持蹬直，直到手快要扶着地后，膝盖呈被动弯曲状。

起身时，先把膝盖蹬直，把重心调到脚掌上来，而不要把重心留在手上，再逐渐挑回大腰、胸腰、头。

动作要领：双脚支撑身体必须站稳，膝部要直，只有起身的时候才可以弯曲。

（3）腿功

①正压腿

在常规的几种不同压腿方式中，正压腿是比较基础的一种方式，需要按照以下步骤进行。

压腿前先做好热身准备。可以做关于腰、胯、膝、踝关节，以及腿部肌肉的放松活动。当机体的温度逐渐升高，身体的柔韧性与灵活性都会有所提升，不容易受伤，还能增加压腿的深度。

找一个和自己腰部一样高度的物体，将腿放在上面，髋部向后慢慢坐下，同时臀部仍然保持水平状态，支撑着腿垂直于地面，膝盖部位要始终保持正直，被压的那条腿脚尖保持朝上，也要向内回勾，上身要向前用力移动，让被压腿呈现为一条直线。脚尖向内回勾对腿部肌腱、韧带、肌肉的拉长大有助益，而上身向前用力移动，则有助于躯干特别是脊椎的拉长。当我们压一条腿几分钟之后，就要再换另一条腿进行。

保持持之以恒的信念，压腿是一项长久的功夫，需要长期坚持，虽然比较枯燥，但是能够受益匪浅。腿功的柔韧性与腿功的其他素质相较而言，较易取得进步，但也更加容易退步，有几天疏于练功，就会有明显退步。习武者应当注重激励自己、自我调整，只要长期坚持，就一定能够保持腿部的韧性，酸痛的感觉也会逐渐减轻。

②侧压腿

右腿支撑身体保持直立，左腿从身体左侧抬起，搭到适合自己高度的物体上，将左脚脚尖往回勾。

右臂向上举，左手呈掌形，并放置于自己胸前，腿部、腰部皆保持正直。上身开始向身体左侧下方振压，根据自己的情况量力而行，适当增加振幅。

最后将上身能够贴合到左腿上即可，右腿完成后再进行左腿侧压腿。

动作要领：双腿时刻保持伸直，开髋立腰挺胸。

③后压腿

选择一个高度适宜的物体，背靠着它，双腿并拢在一起，并保持站直状态，双手或是叉在腰部两侧，或是扶在有一定高度物体上。右腿要将身体支撑起来，随后慢慢抬起左腿，在物体上放置左脚脚背，同时，上身慢慢向后弯曲，进行较为温和的振压动作。左腿完成之后，就要换右腿进行。该动作要求双腿直膝，支撑脚要全脚着地，脚趾抓地，挺胸，展髋，腰后展。

动作要领：保持双膝挺直，保持支撑腿的直立，让脚掌全部着地；挺胸、展髋、腰后屈；随着身体渐渐发热而一点点加大后压振幅。

④弓步压腿

先让左脚向前大大迈出一步，这里的距离保持在自身脚步长度的四五倍为宜。迈出后，左脚的脚尖要向内微扣，左腿慢慢地弯曲膝盖，直到变为半蹲姿势，使大腿平行于地面，膝盖和脚尖保持垂直。同时，我们要伸直右腿，让身体面朝前方，不能出现倾斜问题。眼睛看向前方的同时，上半身向下进行振压，当我们感到身体渐渐发热后，就要一步步加大振幅。同样也是双腿交替进行。

动作要领：前腿呈弓形，保持后腿绷直，挺胸，塌腰，沉髋。

⑤仆步压腿

这一动作主要目的是使大腿内侧肌肉、韧带得到锻炼，让髋关节柔韧性得以增强。

首先，双脚一左一右保持开立状态，左腿慢慢地弯曲膝盖，直到完全蹲下，要做到全脚掌贴地。同时，要始终伸直右腿，不能让右腿膝盖有任何弯曲，右脚的脚尖内扣，向远处尽力伸展。随后，我们要把躯体重心转移到右脚，从而进行另一侧仆步，向下开始振压，也可以将两只手一左一右抓住两只脚，做向下振压和左右移换身体中心的动作。

动作要领：挺胸塌腰，循序渐进地下振用力，发力不要过快，同时，也要缓慢地进行左右移动。开胯沉髋，挺胸下压，尽量贴近地面移动臀部以及腿内侧。

⑥正扳腿

右腿伸直，支撑身体，左腿屈膝，逐渐抬起，用左手扶住膝盖，右手同时抓住左脚，再把左脚往前伸出，直到膝部完全挺直。左脚外侧向前，双脚交替进行。

动作要领：双腿绷直，直腰挺胸，被扳的腿保持脚尖回勾。

⑦侧扳腿

双腿绷直,缓慢下沉,前后叉开呈一条直线,左腿后侧贴地,脚尖回勾,而右腿前侧贴地,脚背同样贴在地上,双臂立掌与地面保持水平,双腿交替进行。

动作要领:挺胸立腰,沉髋挺膝。

⑧横叉

这一动作主要是为了对腿内后侧和髋关节柔韧性进行锻炼。

首先,左右一字形伸开双腿,可以用双手进行辅助,将身体支撑起来,小腿的后侧要与地面相贴并压紧,脚后跟要接触地面,脚尖则要伸展向左右侧,或者勾紧胯充分打开,或者形成一字形。我们可以将上半身向前俯,将腿后侧肌肉拉长,同时充分开胯。横叉也被称为上身向左右侧倒,能够对大腿内后侧肌肉充分拉长,同时让胯的活动幅度得到增加。

动作要领:挺腰立背,开胯沉髋;挺膝勾脚,前俯倾倒。

⑨竖叉

劈竖叉主要用于锻炼大腿前后侧韧带、肌肉,以及髋部的柔韧性。

双腿前后分开,缓慢下沉,直至贴合地面,并成一条直线,前腿脚尖向上勾紧并保持上翘,与地面垂直。

后腿的脚背、大腿前侧与地面贴紧,脚尖与地面平行并指向后方。髋关节摆正与两腿垂直,臀部压紧地面。上身保持正直。

可做上身前俯的振压动作,也可做上身后屈的振压动作,增大动作难度和拉伸幅度,动作幅度由小到大,逐渐用力。

动作要领:挺腰直背,沉髋挺膝;前俯勾脚,后屈伸踝。

(4)桩功

①马步桩

动作方法:左右脚保持平行开立状态,中间距离大概为自身脚长的三倍,脚尖朝向前方,弯曲膝盖保持半蹲,大腿与地面呈平行,保证全脚掌着地,让两腿之间为身体重心。左臂右臂微屈,在胸前平举,手掌心要向下,眼睛要时刻看向前方。我们也可以将双手在腰间握拳。

动作要领:挺胸、直背、塌腰,做深呼吸,逐渐增加扎马步时间。

②虚步桩

动作方法：左脚右脚一前一后开立，右脚向外展，约为45度，膝盖弯曲，呈半蹲状态，提起左脚脚跟并绷直脚面，稍向内扣脚尖，微微点上地面，让身体重心落在右腿上。左手右手于腰间抱拳，眼睛看向前方。在练习虚步桩时，注意要左右交替进行。

③浑元桩

第一种：升降桩。动作方法：左脚右脚平行开立，中间距离和肩膀同宽，两腿的膝盖微微弯曲，左右胳膊肘也微微弯曲，左手和右手的手心都要保持向下，在胸前举起，之后依照自身呼吸状态进行升、降动作。

动作要领：头颈正直，沉肩垂肘，松腰敛臀，上体正直。

呼吸深、长、匀、细。升时配合吸气，小腹外凸；降时，配合呼气，小腹内凹。刚开始进行静站时可保持2—3分钟，日后训练中逐渐延长时间。

第二种：开合桩。动作方法：左脚右脚平行开立，中间距离和肩膀同宽，两腿的膝盖微微弯曲，左右胳膊肘也微微弯曲，左手和右手的手心都要保持向内，手指指尖在身体前相对合抱。同样是跟随自身自然呼吸，进行开合运动。

动作要领：头颈正直，沉肩垂肘，松腰敛臀，上体正直。

呼吸深、长、匀、细。开时配合吸气，小腹外凸；合时配合呼气，小腹内凹。刚开始进行静站时可保持2—3分钟，日后训练中逐渐延长时间。

2.武术器械套路实践

（1）剑术套路实践

①剑术基本技法

第一，刺剑。立剑或平剑向前直出为刺。力达剑尖，持剑手臂与剑成一条水平线。剑刃朝上或朝下为立剑，剑刃朝左或朝右为平剑。平刺剑的剑尖与肩部相平；下刺剑的剑尖与膝盖相平，出刺剑时小臂注意内旋，旋至手心朝外侧，并略微朝下，从肩部向前上方或前下方立剑刺出，上身与持剑手臂在身体惯性与出剑惯性下往前探。

动作要领：刺剑时要使剑尖向刺出方向直出，不可出现任何偏斜，否则会影响剑的力度与方向。刺剑外出的过程可分为两个阶段，前半段均匀加速、均匀用力，在手臂即将伸直之时，则进入后半段；此时需迅速发力并提速，便于使力度迅速传至剑尖。虎口应当稍稍放松，使小指、无名指稍稍扣紧，手腕内收。

第二，劈剑。劈剑，顾名思义，是从上至下劈下的招式，即立剑从上至下为劈，力达剑身，持剑手臂与剑呈一条直线。反劈剑，指小臂外旋，手心朝里，从上向下劈。

动作要领：劈剑时，虎口朝上，手背朝外，手心朝内，小臂外旋至虎口朝下即为反劈剑；劈剑时始终为立剑，应当猛然发力，迅速把力量传至剑身以及剑刃；同时，持剑之手与刺剑时手的姿势相同，以利于剑与手臂呈一条直线。

第三，点剑。立剑，抬手腕，让剑尖迅速向前下方冲出，即为点剑，需将手臂伸直，力达剑尖。

动作要领：做点剑动作时首先需提腕，尽力把手腕内收，这是点剑最先要学习的技巧，这样以便于食指与拇指更加灵活，能够更精准地点剑，动作整体应保持统一，用力迅猛，力达剑尖。

第四，崩剑。立剑，沉腕，令剑尖猛然向前方、上方崩出就是崩剑，力达剑尖上部，持剑手臂可伸直，亦可微屈，剑尖高不过头。平崩剑，指手心朝上，剑从左向右横向崩剑为平崩剑。

动作要领：沉腕是崩剑的重要技巧，只有沉腕才能够更加利于发力，以及剑的崩出。要求手腕在崩剑之前做到充分伸展活动，能够灵活外展。崩剑时，拇指与食指用力扣住剑把手，中指、无名指、小指要保持松快，不应紧握。无论是沉腕还是手指的各项动作，都要做到迅猛、快速，使出的力要能够到达剑尖；而平崩剑时，手指、手腕的动作类似于崩剑，不过，如果在特殊情况下需要进行表演，那么就要适当降低手腕、手指的动作幅度。

第五，挂剑。立剑，剑从上至下为挂，力达剑身前部。挂剑时需要扣腕，通过扣腕使剑与持剑小臂的夹角保持 90°，抡挂剑时剑贴身绕立圆挂一周。

动作要领：挂剑属于一种从上而下的剑法，在挂剑时，我们要保障手掌的虎口向下，做到扣腕，保持手腕的外展，让前臂和剑之间能够保持在 90° 左右，将力点向下方剑刃前送达；抡挂剑则是需要在贴身的立圆中让剑运动，因而当我们做左抡挂剑时，就要充分向内旋右臂；做右抡挂剑时，就要充分向外旋右臂；做抡挂剑时，右臂要配合于左臂，让律动节奏始终保持一致，做左抡挂剑时，左臂常与右臂合，让左手向右臂靠近；做右抡挂剑时则恰恰相反，左臂常与右臂分，要让左手伸向前上方。

第六，撩剑。立剑，从下至前上方为撩，力达剑身前部，反撩剑小臂则要内旋。

动作要领：撩剑属于从下而上的剑法，在持剑时，我们要保持手掌虎口朝下，力点剑刃上方前部；在右撩剑时，我们要让右臂完全、充分地向外旋；在左撩剑时，我们要让右臂完全、充分地向内旋；撩剑时注意要让剑贴身进行运动；左手要协调配合于右臂，左臂要经常随着右臂一起运动。

②初级剑术套路

第一，弓步平抹。右脚向左前方迈出一步，左腿缓慢屈膝；右腿在后伸直，保持膝部挺直，脚尖朝内，呈左弓步之势。左手剑指从胸前位置开始逐渐下降，通过左下方转而向上做弧形绕环，并在头顶上方屈肘侧举，拇指一侧在下；右手持剑（手心转向上）随后向前平抹，剑尖略微往右倾斜。

动作要领：做此招式时，手腕既需要用力，也需要柔和，在该用力时不可以柔和，而该柔和时不应用力，便是抹剑的关键所在。

第二，弓步左撩。身体首先要保持正直状态，接下来向左转去，右腿弯曲膝盖，抬起于身前，保持脚尖处于自然下垂状态，不过要切记，脚尖下垂时要让脚背始终绷直，不可放松太过。同时，持剑的手臂要向外旋，从而让剑能够更方便地由前向上、向后划弧，等到左后方时，弯曲手肘，让手腕和前臂向自己的腹部靠近，这时手心是向内的；左手呈剑指状，从头顶上方慢慢向下落，附于右手手腕，这时手心是向下的，目光要看向剑身。

随后，右脚迈向右前方，迈出一步，右腿也弯曲膝盖。这里的屈膝不用让大腿平行于地面，只要稍稍弯曲即可。左腿在后方用力蹬直，前脚掌和地面接触，让脚尖保持内扣状态，成右弓步。同时，右手持剑，从后朝下、朝前反手撩起，这时保持手背朝上、小拇指在一侧朝上，左手的剑指要跟随持剑的右手一起运动，确保左右手有着协调合一的动作。这一过程，我们的目光同样要看向剑尖。

动作要领：剑由前向后和由后向前弧形撩起时，必须与踢膝和向前落步的动作协调一致，握剑不可太紧。形成弓步后，上身略向前倾，直背、收臀，剑尖稍低于剑指。

第三，提膝平斩。

左脚首先向前迈出一步，与此同时，右手手腕翻转向左上方，将手肘弯曲，让剑得以从左边平绕，到头部的前上方。这时，右腿也要弯曲膝盖，向身前提起。随后，右手手腕继续翻转，让剑朝右侧平绕到右方（此时要注意手心是向上的），继而向前方用力平斩；右手剑指从上方朝左、朝上做弧形绕环动作，手肘屈起在头部左上方横举。我们的目光要看向前方。

动作要领：剑从左向后平绕时，上身后仰，使剑从脸部平绕而过，不可从头顶绕行。提膝时，左腿必须挺膝伸直站稳，右腿屈膝用力抬起，右脚贴护裆前，上身稍前倾，挺胸、收腹。

第四，回身下刺。

右脚迈向前方，须迈一大步，脚尖稍稍外展，保持在 30 度左右，屈膝、右转上身。持剑的手腕做反屈动作，让剑尖保持下垂，继而直刺向后下方，这里要注意剑尖不能高于我们的膝盖，且右手大拇指所在侧朝上；接着，左手剑指靠拢于身前右手，在进行刺剑之时，伸直向左上方，同样是大拇指所在侧朝上。我们的目光要看向剑尖。

动作要领：右手持剑要先屈肘收于身前，在右脚向前落步和上身右转的同时，使剑用力刺出。左腿伸直，右腿稍屈，腰向右拧转，剑指、两臂和剑身须成一直线。

第五，挂剑直刺。

左脚迈步向前，随后弯曲膝盖，微微蹲下。右臂向内旋，让大拇指所在的一侧向下，成反手状态，随后翘腕，剑指朝左、朝上进行抄挂。当我们持剑的手抄挂到左边肩膀的时候，再弯曲手肘，让剑于胸前平落，这里要注意的是手心向里；接着，左手剑指屈肘附于右手腕处，这时我们要伸直左腿呈站立状态，同时弯曲右腿膝盖，使其在身前提起。

此时，我们应当用左脚的前脚掌与地面接触，继而右转上身。右手持剑用力下插，让左手剑指仍然保持附于右手手腕的状态，目光应当直视剑指。

接下来，我们继续以左脚的前脚掌为轴，使其碾过地面，右脚向身后跨出一大步，右腿膝盖弯曲，从右侧让身体后转；左腿在后蹬直，脚尖内扣，成右弓步。同时，右手持剑向前奋力直刺，要注意让剑尖保持在自身肩部高度，大拇指所在一侧朝上；伴随右手动作，左手剑指平伸向后，依旧是大拇指所在一侧朝上，目光要始终看向剑尖。

动作要领：挂剑、下插、直刺这三个主要动作必须一以贯之、完全连贯，并与跨步、踢膝、转身、弓步等下盘具体动作协调统一。弓步直刺后，双脚全脚掌着地，上身稍向前倾，挺胸、塌腰。

第六，虚步架剑。

右手持剑，首先从左往右将剑尖揽一小圈，手臂向内旋，从而让右手（即持剑手）大拇指所在的一侧向下。紧接着，我们要以左脚前脚掌和右脚后脚跟为轴，碾过地面，右脚脚尖外展，从右边向后面转动身体，左脚向前收拢半步，微微弯曲左右膝盖，成交叉步。伴随着转身，右手持剑朝右上方反手弯曲手肘上架；左手剑指屈肘经过左边肩膀附于右腕。目光平视于左侧。

接着，右腿弯曲膝盖，保持不动，左脚向前迈出一步，膝盖略微弯曲，左脚前脚掌保持虚步着地的状态，将身体中心落在右腿上，成左虚步状态。当右手持剑稍稍牵引向后之时，左手剑指平伸向前，这时手心是向下的，目光要落在剑指之上。

动作要领：虚步必须虚实分明，右肘略屈使剑身成立剑架于额前上方，左臂伸直，剑指稍高过肩。

（2）刀术套路实践

①起势

练习方法：左手握住刀，和右手一起由身体两侧向额头上方进行绕环，等移动到额头前上方时，右手大拇指需要张开，向刀盘贴近，从左手将刀接握过来。

动作要领：两臂从体侧向额前上方绕环的动作必须协调一致。

②弓步藏刀

练习方法：右腿弯曲膝盖，微微蹲下，左脚朝左迈出一步。右手持刀，让刀背贴着身体从左侧向身后绕去，左臂向内旋，保持大拇指所在侧向下，伸向左边，目光也要平视向左。接着，上身转向左侧，左腿弯曲膝盖，伸直右腿，成左弓步。右手持刀，保持手掌掌心向上，伴随身体的左转，从身后朝右、朝前、朝左平扫，平扫到左肋时，手臂向内旋，这时要注意让手掌掌心向下，刀背向左肋贴靠，平放刀身，让刀尖呈向后状态；随后，左臂弯曲手肘，向头顶上方举起，变为横掌状态，目光要看向前方。

动作要领：缠头时，刀背必须贴着脊背绕行；扫刀时，刀身平行，迅速有力。

③虚步藏刀

练习方法：向右转动上身，伸直左腿，右腿膝盖弯曲，成右弓步。右手持刀，保持手掌掌心朝下，在上身向右转动时，将刀平扫向右侧，让刀背朝向前方；左手手掌平落向左侧，且保持掌心朝下，目光要看向刀身。顺着扫刀的势头，右臂向外旋，保持手掌掌心朝上，让刀背平摆向身后。此时，以右脚的前脚掌为轴，碾过地面，外展脚跟，左转上身，让左脚向后收拢半步，成虚步状态。随后，让刀尖向下，从背后绕行向左肩膀外侧；与此同时，左手经过身体前方，朝下、朝右腋进行弧形绕环，目光要平视向左前方。右手持刀，经过左肩膀外侧，朝下、朝后拉回，手肘微微弯曲，保持刀尖向前、刀刃向下；随后，左手要成侧立掌，平直地向前推出，保证手掌、手指向上。这时我们的目光要落在左手掌上。

动作要领：必须连贯地完成上述动作；扫刀要平，绕刀要让刀背与脊背相贴。

④弓步扎刀

练习方法：稍稍向前移动左脚，并在地面踏实，随后，右脚向前迈步，成右弓步。伴随着右脚上步，左手手掌要向后进行直臂弧形绕环，在身后平举成勾手，并保持勾尖向下；右手持刀，扎刀向前，这时要保持刀尖朝前、刀刃朝下，目光要直视刀尖。

动作要领：刀尖要平行于右肩膀与右手，微微向前探出上身，让力气到达刀尖。

⑤弓步抡劈

练习方法：左脚向左侧斜上方迈步，成左弓步。右手持刀，手臂向内旋，弯曲手腕，让刀尖从左侧斜前方向上挂起，这时保持刀刃向上；随后，左勾手变换状态成掌，依附在右手肘处，这时我们的目光要看向刀身。右手持刀，从上方劈向右侧斜前方，这时刀尖要微微向上翘起；与此同时，左臂要弯曲手肘，向上举过头顶，变换成横掌状态，这时我们的目光要看向刀尖。

动作要领：要连贯且有力地进行抡劈动作，还要配合好步法。

⑥提膝格刀

练习方法：左脚的脚尖呈外展状态，右腿做提膝动作，从前下到左上让刀进行横格，要让刀在胸前垂直立起，保持刀刃朝向左侧，刀尖朝向上方；左手要在刀背上呈横附状态，这时我们的目光要看向刀身。

动作要领：必须同时完成格刀以及提膝。

⑦弓步推刀

练习方法：右脚向前迈出一步，右手持刀，向后、向下贴身进行弧形绕环；与此同时，左手手掌由上至下按在刀背之上，目光要看向刀尖部位。接着，身体向后微微旋转，左脚从身体前侧迈步，成左弓步。右手持刀，撩推向前，此时刀尖需要斜着朝下；我们的左手手掌仍然按在刀背之上，掌与指都向上。向前探过身体上半身，目光落在刀尖之上。

动作要领：撩推刀的过程中需要与步法保持协调一致。

⑧马步劈刀

练习方法：让身体上半部分向右旋转，左腿和右腿同时弯曲膝盖，保持马步状态。右手持刀，从左侧朝上、朝右劈下，这时要注意刀尖微微朝上翘起，与我们眉毛所在位置平齐；左手手掌放置于头顶上方，屈肘成横掌状态。这时我们的目光要看向刀尖。

动作要领：要快速转身、快速劈刀，让力量直达刀刃处；扎马步时，左脚与右脚脚尖都要扣向里侧，大腿保持坐平状态。

⑨仆步按刀

练习方法：右脚向右后方撤步，撤步幅度较大，右腿弯曲膝盖，呈全蹲状态，左腿平铺伸直，成左仆步。伴随着上身向右转动，右手持刀做外腕花；与此同时，左手手掌按切向下，依附在右手手腕，此时要注意刀刃向下、刀尖向左，目光平视向左侧。

动作要领：快速有力地进行撤步，做外腕花同理，要协调连贯于仆步按刀；做仆步时，上半身要微微探向左前方。

⑩蹬腿藏刀

练习方法：首先蹬直右腿，让左腿提膝，保持右腿"金鸡独立"的状态；右手持刀，向右后方拉回，左手手掌伸向左前方，这时要保持掌指向上，目光落在左手之上；随后，向左转动上身，右手持刀从后面向前，经过左腿膝盖下方，向左侧裹膝抄起，左手手掌屈肘，依附于右前臂，这时我们的目光要看向前方。右手持刀，经过左侧肩膀外部，向后方绕行于肩膀与背部，左腿落步向左侧斜前方，成左弓步，左手手掌平摆于左侧。右手持刀从肩膀外侧向前、向左进行平扫，平扫到左肋时，顺着扫刀的势头，手臂向内旋，让刀背和左肋贴靠一处；接下来，左手手掌屈肘向上举到头顶上面，成横掌。右脚的脚尖保持上翘状态，利用脚跟蹬腿向前上方，这时我们的目光要落在脚尖上。

动作要领：缠头时要让刀背绕裹左膝后顺脊背绕行，动作要迅速，协调连贯于缠头刀。

⑪弓步平斩

练习方法：右腿向前迈出一步，左脚继续向前迈步，顺势提起右脚，此时，上半身向右旋转。右手持刀，保持掌心向下的状态，转身用刀平扫一周；左手手掌由上平摆向左后方，保持掌心向上的状态。右手持刀，外旋手臂，让刀尖向下，从右肩膀外侧将刀绕行而过，进行裹脑动作；右腿向后进行撤步，成左弓步。右手持刀，让刀背与左肋贴靠，保持刀尖向后；与此同时，左手手掌屈肘向上，举到头顶上方，变成横掌状态，这时我们的目光要正视前方。随后，右转上半身，变为右弓步。右手持刀，保持掌心向下的状态，用刀平扫向右侧，扫腰斩击，让刀尖朝向前方；同时，左手手掌要由上到后平摆，掌指向后，目光要落在刀尖之上。

动作要领：裹脑时必须使刀背贴靠脊背绕行；斩击时刀要与肩平，力达刀刃。

⑫弓步带刀

练习方法：右手持刀，外旋手臂，保持刀刃向上的状态，让刀尖略微斜垂向下。紧接着，向左移动身体重心，让左腿保持全蹲状态，右腿则挺膝伸直，平铺成仆步。右手持刀，向左上方屈肘带回；左臂弯曲手肘，将左手手掌依附于刀把内侧，大拇指所在一侧向下。我们的目光要平视向右侧方向。

动作要领：要连贯地进行翻刀以及后带动作。仆步时，身体上半部分要倾斜向左侧。

⑬歇步下砍

练习方法：微微抬起上身。右手持刀，保持刀尖向下的状态，从右侧肩膀外部绕行向背后；左手手掌平伸向左侧，注意让大拇指所在一侧向下。左脚从身体后方向右边进行插步。与此同时，右手持刀，从背后绕行向左肩膀外侧，注意保持掌心向下，平放刀身，让刀尖朝向后方；与此同时，左手手掌要向右腋进行弧形绕环。我们的目光要看向右方。双腿弯曲膝盖，蹲成歇步状态。右手持刀，伴随歇步下坐，斜砍向右下方，此时保持刀刃斜向下，刀尖冲前；紧接着，左手手掌要摆向左侧，在上方变化为横掌状态。这时我们的目光要看向刀身。

动作要领：要一气呵成地完成上述动作；下砍时，要在刀身后段用力。

⑭弓步扎刀

练习方法：身体上半部分转向左侧，左脚与右脚碾过地面，左脚朝前方迈出半步，成左弓步。右手持刀，顺势平伸直扎向前方，注意保持刀刃向下、刀尖向前；左手手掌要依附于右手手腕内侧；我们的目光要落在刀尖上。

动作要领：转身、碾地、上步与扎刀协调连贯，力达刀尖。

⑮插步反撩

练习方法：上半身要稍稍直起身子，转向右侧，右脚保持不动，左脚向右前方进行活步。与此同时，右手手臂向内旋，注意保持刀背朝下的状态，让刀从前方朝上方、朝后方直臂弧形绕行，注意保持刀刃朝下的状态；左手手掌一边屈肘，一边收在右侧肩膀前方。右脚朝着左脚前方迈出一步，成右弓步。这时，右手持刀朝下方、朝前方直臂弧形撩起，注意保持刀尖朝前、刀刃朝上的状态；左手手掌从右侧肩膀前方向上进行直臂弧形绕行，绕行到头部上方时，随即屈肘横架，注意保持掌指朝前、掌心朝上。我们的目光要落在刀尖上。接下来右脚向内扣去，身体上半部分转向左侧，伴随着左转体动作，我们将刀在腹前收好，保持刀尖上翘状态，左手手掌落下，依附在右手手腕，我们的目光要落在刀尖上。随后，左脚朝向右脚后侧，横着迈出一步，变为左插步。与此同时，右手持刀，向后方进行反臂弧形撩刀，注意保持刀刃向上状态；左手手掌插出，方向为左上方，注意保持掌心向前的状态，我们的目光要落在刀尖上。

动作要领：要进行连贯上步，撩刀要走立圆，不能用刀尖触地，要让力到达刀刃前部。

⑯弓步藏刀

练习方法：左脚朝着左前方迈出一步，与此同时，右手持刀，手臂向内旋，此时要保持刀尖向下，让刀从左侧肩膀外绕行向后方，做缠头动作。接下来，身体重心移向左侧，做左弓步，右手持刀从背后由右至左进行平扫，平扫到左肋时，顺着扫刀的势头将手臂内旋，让刀背与左肋贴靠一处，注意保持刀尖向后的状态；左手手掌要屈肘向上举到头顶上方，变化为横掌状态。此时我们的目光要直视前方。

动作要领：缠头时必须使刀背贴靠脊背绕行，扫刀要迅速，力达刀刃。

⑰虚步抱刀

练习方法：上半身转向右侧，伸直左腿，让右腿膝盖弯曲。与此同时，右手持刀，平扫向右侧，左手手掌也一起平摆向左侧，注意保持手掌掌心向上，目光要落在刀尖上。随后，上半身微微直起，右手持刀，顺着平扫的势头将手臂向外旋，保持掌心朝上的状态，将刀平摆向身后，紧接着屈肘上举，下垂刀尖，让刀背贴靠身体，此时要保证左手手掌的协调配合，目光平视向右方。接下来，上半身旋转向右侧，成右弓步。右手持刀，从背后经过左侧肩膀外，平伸拉带向身体前方，注意保持刀刃向上，让刀背与右臂贴靠，刀尖朝向后方；左手手掌从左朝下方、朝前方直臂弧形摆起，待来到面庞之前时，张开拇指，将刀盘用手掌掌心托住，做好准备接回右手所持之刀。此时，我们的目光要看向两手。右脚脚跟转向外侧，上半身转向左侧，左脚从左边向身前移动，变为左虚步；与此同时，左手将右手手中的刀接过来，从身体前方一路向下、向左侧，抱刀下沉，注意保持刀刃向前，让刀背与左臂贴靠，注意保持刀尖朝上；随后，右手从身前一路向下方、向后方、向上方直臂弧形，绕到头部上方的时候，弯曲手腕，变化为横掌，注意保持掌心向前、手肘略微弯曲，目光平视向左侧。

动作要领：裹脑刀要使刀背沿右肩贴背绕行，虚步要虚实分明。

⑱收势

练习方法：右脚向前、向左脚靠拢，保持并步直立的状态。紧接着，右手手掌从右耳旁按落向下，注意保持手掌掌心向下，手肘微微弯曲，向外侧撑开。注意此时左手持刀不动，目光要看向前方。

动作要领：要连贯迅速地进行上步与按掌动作。

二、散打

（一）项目概述

散打，又名散手，源自中国，指比赛双方根据武术中打、踢、摔等多种技巧尽力制服对手的运动项目，属于传统体育搏击武术的范畴，20世纪到21世纪以来，散打运动取得较快发展。例如我国1982年制定《散打比赛规则》，1993年被列入全运会，1998年被列入亚运会，2012年，我国陕西省成立国家散打队，以上均是散打在当代备受我国重视的体现。为了使散打运动为人们所熟知，本节对散打的基础拳法教学进行较为细致的论述。

(二) 技术教学

1. 直拳

直拳，可分为前手直拳与后手直拳。直拳一般用于攻击对手上盘与中上盘，适当时机连续出直拳，快出快收可以起到有效迷惑对手的作用，并对其他拳法、腿法、摔法等动作的施展有预热作用。

(1) 前手直拳

前手直拳是散打拳法中最基础的拳法，以简单易学、便于掌握、出拳快速、能攻能守为主要特点，该拳法虽简单，但熟练掌握后也可作出十分灵活而多变的攻击。

动作说明：以格斗姿势站好，一脚在前，另一脚在后，后拳做防护姿势。随后，通过后脚用力蹬地，将力量通过腿部传到腰部，拧腰把力量继而传导到肩部，再通过肩部将力量从拳上打出，身体重心也要迅速转到前脚。

动作要领：出拳必须迅速，不要显示出任何预兆，不要大幅晃动身体，保持身体平衡。出拳力量主要来自腿、腰，要做到身体协调发力，不要单靠手臂挥舞发力。出拳命中后，手臂迅速收回，不要有任何停留。

(2) 后手直拳

后手直拳常用于前手直拳的虚晃下进行，一般不直接出后手直拳，由于动作行程较长，若直接出拳容易被对方识破攻击意图，导致攻击失败，可用于遭受对方攻击后的奋力反击，后手直拳较之前手直拳力量更大，能够重击对手上盘。

动作说明：起始与前手直拳相似，以格斗姿势站好。出拳时，通过后腿用力蹬地，蹬的同时后脚跟瞬间外展，将力量转至腰、肩，再以肩带肘，以肘出拳。此时身体重心转移至前脚掌，出拳后迅速收回。

动作要领：后脚蹬地的过程中，刻意进行后脚跟的外展动作，以此增加腿部爆发力，将力量传至上身。出拳时，为了将力量更多输出，要使上身微微前倾。出拳后，为防止对手反攻，上身应保持平衡而略微后仰。

2. 摆拳

摆拳，可分为前手摆拳与后手摆拳，前手摆拳往往用于攻击对方的面部，主要是侧面,能够有效破解对方后手对于面部的防御,以制造更多攻击机会。后手摆拳为重拳,较常见的使用方式是配合一定的腿法,若击中,往往能够"一击定胜负",主要攻击对方头部侧面比前手摆拳略高的攻击点。

(1)前手摆拳

动作说明:以左前格斗势准备开始,出拳要迅猛、快速,不能显示丝毫征兆,在最短时间内出拳。出拳之时,要借助拧腰转髋发力,拧腰的同时,力量通过背部肌肉群传至前臂,前臂肘关节则外展发力,再加上摆动的力量击打对方。

动作要领:出拳之前,保持重心稳定,并且不可有预兆,例如身体前倾、腿部后撤、手臂晃动等。出拳时,拳、腰、髋等关节处要密切配合,统一协调,以便发挥最大力量,肘部用力,但肩部可适当放松,不必过于紧张,否则会导致力量不能更好地击出。击中后,使拳、肘、腰保持紧绷,并利用腰部力量迅速将拳收回。

(2)后手摆拳

动作说明:以左前格斗势准备开始,身体向左拧腰,通过腰力带动背部肌群,将力量输送至后臂,屈肘有力摆臂并出拳。出拳时将身体重心转到前脚,加大出拳力度,肘部上抬,高度约与自身面部持平,拳所过之处恰好划过一条弧形。

动作要领:出拳前,可借助其他动作作为铺垫,例如腿法与直拳等动作,并注重后腿与拧腰发力技巧。出拳时,动作迅速,摆臂幅度应较小,若手臂行程过长,不仅难以击倒对手,还会给对手可乘之机,使自身受到攻击。

3.平勾拳

平勾拳分为前手平勾拳与后手平勾拳。

(1)前手平勾拳

前手平勾拳是一种适用于短距离进攻的拳法,主要特点为迅速、灵活、刚猛,攻击部位主要为对方头部侧面,当与对方距离逐渐接近时,抓准时机打出前手平勾拳可取得意想不到的效果。

动作说明:以左前格斗势为起始姿势,通过拧腰带动上身右转,结合背部肌肉群与手臂肘部共同发力,发力过程中肘部应当适当抬起至与地面持平,绷紧肌肉用力打出。在出拳中,不可以随意改变肘部的角度,要保持接近于直角的姿势,便于充分发挥拧腰传导而来的力量,从而重击对方。

动作要领：出拳前，不可有任何预兆，不能在出拳之前大幅回收手臂以蓄力，要保持念动一致，"心到"即拳到，通过下盘以及拧腰动作共同传导力量。出拳时，肘部的夹角要保持不变，一来能够打出更大力量，二来，有助于保持身体的警惕状态，便于出拳后迅速躲避对方反击。

（2）后手平勾拳

动作说明：以左前格斗势起始，出拳前，后脚猛力蹬地，带动身体左转，左转的同时拧腰，将力量传导至手臂肘部，从而进行勾拳打击。出拳时提前将左臂手肘抬平。

动作要领：出拳前，观察对方意图，在对方对于头部防范松懈的时机进行后手平勾拳效果最佳。出拳时，首先需要将自身身体平衡掌握好，做好重心从后转移到前脚。其次，做好后脚蹬地、扭腰转髋等动作的连贯性，以利于出拳速度与力量的发挥，其他要领与前手平勾拳基本相似。

4. 上勾拳

上勾拳，分为前手上勾拳与后手上勾拳。

（1）前手上勾拳

前手上勾拳的攻击范围比较广，根据不同情况能做出不同的攻击方法，既可以攻击对方面部，也可以攻击对方腹部，应用实战性比较广。

动作说明：以左前格斗势起始，出拳前，上身微向左转，转身同时微屈膝，身体下沉做出晃动，前臂顺势做出适当下沉为出拳蓄力。出拳时，通过前脚蹬地以及腰背部一系列连贯动作，将力量传导至拳，出拳迅速刚猛，以弧形从下向上勾击对方，出拳后，迅速将拳收回保持起始格斗势，并做好防护，准备下一次攻击。

动作要领：出拳前，左臂下降幅度不应过大，略微下沉随机勾击即可。出拳时，主要依靠下盘发力，腿部蹬地、腰部转髋、迅速勾拳等动作需要一气呵成，并注意重心前移，以便发挥更大力量。出拳后迅速收回即可。

（2）后手上勾拳

后手上勾拳与前手上勾拳的用途与作用基本相似，都能有较大攻击范围，不过力量更大，也可配合其他招式突然袭击对方的腹部。

动作说明：以左前格斗势起始，出拳前上身略微含胸，同时身体右转，右臂与上身同时下沉以蓄力出拳。出拳时，膝盖微屈，借助右腿蹬地瞬间发力，把力量从腿、腰、背，一直传到右拳，从下往上将拳勾出，出拳后，重回格斗势。

动作要领：该拳法由于出拳前需要转体、下沉，以及手臂降低等一系列准备，所以需要做到极为熟练，把这些准备动作的幅度与预兆做到最小。拧腰时，左臂需要贴住肋间，以防止对方突然袭击自身的空当。出拳后充分发挥腿部传导而来的力量，充分爆发。

三、摔跤

（一）项目概述

摔跤（Wrestling）俗称"板羔子"，是由角抵演化而来的传统竞技活动。摔跤时两人徒手相搏，按一定的规则，以各种技术、技巧和方法摔倒对手为胜。

摔跤是一个具有悠久历史、浓厚民族特色的传统体育项目。摔跤最早起源于原始社会，采用一对一的角斗形式进行。公元前708年，第18届古代奥运会把摔跤列为比赛项目。1896年，第1届现代奥运会将古典式摔跤列为正式比赛项目；1908年，第4届奥运会又将自由式摔跤列为正式比赛项目；1989年，瑞士的马蒂格尼举办了第1届女子摔跤锦标赛；2004年，女子摔跤被列为奥运会的正式比赛项目。

摔跤最高级组织机构是国际摔跤联合会，1912年成立于瑞典斯德哥尔摩。中国的摔跤最高组织是中国摔跤协会，1956年成立于北京。

（二）技术教学

1. 倒地的动作方法

前倒，就好像完成了一个后空翻。左前倒，从左架开始，身体向前倾斜，左膝与右膝交屈，将左手放在前、右手放在后。左手手指向里，撑着地面，紧接着快速地完成一系列动作：手肘弯曲、头部低下、身体团起滚向左前。要注意让左侧肩膀先着地，接着才是右侧肩膀。当然，除了前倒、左前倒之外，还有多种倒地方法，如后倒、右后倒、直立前倒等，这些方法有着基本相同的动作要领，仅仅在先接触地面身体部位和倒地方向上有所区分。

2.踮的动作方法

对于"踮"而言,其具有如下技术特点:右手要对对方小袖等部位进行抓握,左手不要去抓对方的跤衣,而应当向其右侧按去,进肩入腰,向上用力,让对方倒在自己身体之前。踮的常用步法有如下几种,包括三点步、撤步、盖步、背步、上步等。踮的手法变化也很多,包括抱胳膊踮、裂手踮、拉腰踮、栽腕踮等。

3.踢的动作方法

"踢"又被称为泼脚,是摔跤中的常用动作,总结起来主要有如下四方面要领,即"冲、挣、踢、亮"。踢属于"对脸绊子",也就是要用左脚对着对方右小腿中下部位靠外之处踢去,左手拉拽侧下方,右手则挣捅向侧前方,上身倾倒侧转向前方,从而让对方倒在自己身体之前。通常在摔跤中,我们使用的是"前脚踢"。

4.挽的动作方法

"挽"又被称为"崩自",同样是摔跤中的常用动作。"挽"的动作特点是进胯转体,长腰甩脸,紧底手支上手,从而让对方倒在自己身体之前。撤步、上步、背步、盖步等都是"挽"的常用步法。

5.跤桩的动作方法

跤桩主要对我们的下肢力量以及下盘稳定性进行训练。跤桩需做到"静中取动",要求人自然地进行呼吸,实现松中有意。跤桩功法讲究如下两点:一是含胸收腹,二是松尾骨。

第二节 民族传统体育球类健身活动

一、蹴球

(一)项目概述

追溯蹴球运动的起源,最早可以是原始人类的踢石球运动。我国古代就有蹴鞠游戏,其结合了少数民族球类游戏玩法,逐渐演变为蹴球运动。从名称来看,蹴球运动对古代蹴鞠游戏的"蹴"字加以保留,鲜明体现出用脚运动的特点。不过,由于改变了运动方式、方法,蹴球运动有着高雅文静的风格,对运动技术与战术要求很高，具有观赏性，主要功能为休闲健身。如今，蹴球运动逐渐发展为一项规则系统、竞赛方法完善的体育运动，不过，在理论研究、实践总结方面，这项运动仍较为薄弱。

（二）技术教学

1. 技术实践

（1）蹴正撞球

对于蹴球运动而言，一项最为常用的，也是最为基本的技术就是"蹴正撞球"。在最初学习蹴球运动时，应当先掌握"蹴正撞球"技术。

首先，我们以左脚或者右脚作为支撑脚，将其置于球后侧，距离球大概20厘米，让脚尖向外，和即将出球的方向保持45°，微微弯曲膝盖。接下来，让右脚脚跟（如果支撑脚为右脚，则相反）着地于球正后方，距离球约15厘米，脚掌前部在球上方距球2厘米左右。脚瞄准进攻方向后，则以脚掌轻轻压住球，使球保持静止。压紧球之后，我们的眼睛要正面看向进攻目标，同时集中注意力、凝神静气，用力收缩蹴球腿股直肌、髂腰肌等，让髋关节成微屈状态，将大腿上抬，前脚掌发力蹴动向前，让球上旋滚动向前，奔向进攻目标。

（2）蹴加力球

在这里，我们以右脚进攻对蹴加力球进行阐述。运动员左、右两脚一前一后分开站立，注意此时是右脚在前。瞄准时，要在目标球和本球的延长线上放右脚脚尖，让右脚的中轴线重合于目标球、本球的延长线。随后，以右脚脚跟为着力点，在本球上轻轻靠上前脚脚掌，等到稳定之后，向前蹴球，逐渐加大脚上发力。

（3）蹴柔力球

这里我们同样以右脚进攻为例对蹴柔力球进行阐述。运动员在进攻方向的延长线上站立，面向需要进攻的球，左右脚一前一后分开站立，注意保持右脚在前方。在对要进攻的球进行瞄准之后，在本球上放上右脚，等稳定之后，向前蹴球。注意脚要柔和发力。

（4）蹴侧撞球

所谓"蹴侧撞球"，就是本球对目标球的侧面进行击打，让目标球变向滚动转移位置，或者让本球相应转移位置的技术。在传球或欲使目标球被击打出界而本球留在界内等的情况下，往往会用到"蹴侧撞球"技术。对于"蹴侧撞球"而言，在支撑脚和最后用力的动作要领上，相同于侧正撞球，只是要用本球的球心瞄准目标球的一侧边缘，使蹴球脚跟中心点、脚的中轴线、本球球心、目标球一侧边缘处在一条直线上。撞击目标球越薄，分球角度越大，本球的前进速度越快，目标球的前进速度越慢；撞击目标球越厚，分球角度越小，目标前进速度越快，本球分球跟进速度越慢。

（5）蹴回旋球

蹴回旋球时，要注意脚掌朝下，向后发力挤压球。运动员身体正面朝向进攻方向，左右脚在自己的本球球后分开站立。在对球按照常规方法进行瞄准后，在球上贴靠右脚前脚掌，随后发力向下后方，有力挤压球将其蹴出。想要做好"蹴回旋球"动作，不能单纯依靠脚的力量，而是需要全身上下都协调用力。

2. 要领分析

（1）蹴球碰撞分析

①主球与目标球

根据比赛规则，运动员可以蹴击本方两球当中的任意一球，队员选择蹴击的球就是本球，而作为本球以外的球就是目标球。因此，在蹴球比赛中运动员有两个选择，将本球击出来撞击目标球作为进攻，或者将本球蹴击到对本队有利的位置上去作为防守。

②蹴球的形式

非撞击球。该形式就是将球蹴击出去之后，不以撞击目标球作为目标，而是把球送到预定位置来完成比赛规则要求或者作为战术防守。

撞击球。该形式就是以本球撞击目标球。在赛场上通过碰撞目标球实现得分和获得连蹴权，连续蹴球撞击连续得分，获得一次进攻、多次得分的优势。

③正撞与分球

撞击指的是当运动员发球入场，使其成为有效球之后，再利用本球对目标球进行撞击，让本球在场内停留住的同时，将对方的目标球从场内击出。

所谓"正撞"，指的是主球对目标球正后中部进行撞击，通过撞击，目标球在前进时沿着主球原来的运动方向，而本球则上旋，继续以较小的速度滚向前方一小段距离后停下来。回旋球则是撞击后沿原来路线滚回。

分球。侧撞后会出现分球现象，按分球的不同情况可将其分为以下两种：一是半球。蹴半球时，要让主球的球心瞄准目标球的一侧边缘，并确保主球与目标球相撞时，正好是目标球的一半球。二是厚球。蹴厚球时，要让本球的球心瞄准目标球一侧边缘至球心之间的某一点，这样本球就会撞击目标球的半只以上直至全只。

薄球。蹴薄球时，要让本球的球心瞄准目标球一侧边缘至边缘以外球的半径的距离之间的某一点，使本球撞击目标球的半只以下直至擦至一层皮。

（2）蹴球力量分析

①蹴出距离

所谓蹴出距离，指的就是球在被蹴出之前的位置与蹴出后位置球心之间的距离，它的大小是由抬腿前蹴的速度和脚掌压住球面的力量决定的。它对比赛的战术布局有着直接的影响，并且在方向准确的情况下，蹴出距离的大小关系着球是否准确到位。

②非撞击球的力量

在蹴球比赛当中，比赛的胜负与非撞击球力量的控制有很大关系。它要求运动员可以很好地掌握蹴球力量与蹴出距离之间的关系，一般来说，蹴球力量与蹴出距离是成正比关系的，力量越大，则蹴出距离也就越远。

③撞击球的力量

与非撞击球不同，撞击球的力量与两种因素有关，即撞击球本身的力量和撞击形式。

正撞球的力量。本球上旋的正撞。撞击后，本球与目标球之间的距离同撞击前瞬间的球速成正比，也就是说，本球的速度越大，本球与目标球之间的距离就越远。

本球回旋后的正撞。在撞击后，目标球和本球之间的距离与主球回旋强度和撞击前瞬间主球前进速度成正比。撞击球的本球被蹴出时所处的位置和目标球停下来的位置之间的距离稍稍小于相同理论下非撞击球蹴出的距离。

分球的力量。侧碰撞击之后，目标球、主球都依照自己的目标前进，此时对球的到位要求包括主球的到位、目标球的到位和第二目标球的到位等。撞击的薄厚情况以及蹴球的力量会对球的到位情况产生影响。

所以，我们要通过薄球、厚球、半球的知识来对控制踢球力量进行指导，要根据临场不同的球势，选择不同踢球方法，使用适当的力量以达成战术目的。

二、珍珠球教学

（一）项目概述

珍珠球源自满族人民古代的生产劳动，现在已经成为我国"民运会"的竞赛项目之一，为各民族人民喜爱。珍珠球的比赛不仅要求队员具有良好的个人技术，还需要一定的配合、协作意识，具有很高的观赏价值与文化价值。

珍珠球竞赛场地要满足长28米、宽15米的要求，包含分水区、封锁区、得分区。分水区内双方各有4名队员，封锁区内双方各有2名运动员，得分区内双方各有1名手持抄网的运动员。

比赛由两支队伍参加，每支队伍中挑选7名参赛者，再在这7名参赛者中挑选一人，持网站在一端进行捕捞。手中拿着蚌型木拍的队员则在对方队伍捕珠者面前，对珍珠进行拦截，剩余队员则要入"水"，和对方队伍成员抢夺珍珠。当队员抢夺到珍珠后，就要将其向自己队伍投去，此时对方队伍就要想方设法使用蚌型木拍拦截投来的珍珠。比赛中，唯有让珍珠不被对方蚌型木拍拦截，投入本队持网人的网中，才能算作得分。投入一次可计为一分，当积满十分后则赢下一局，赢得三局即算胜利。

（二）技术教学

1. 移动技术

移动技术是该项传统体育中最基本的技术，参赛选手通过长期训练，能够实现多种迅速、灵活、飘逸的脚步动作，使身体处于十分灵巧的状态，从而能够达到发起进攻、摆脱防守、防御对手等效果。移动技术包含如下内容：

（1）基本站立姿势、跑、急停、转身。

（2）基本移动时所做出的各种假动作。

（3）基本防守姿势与步伐，例如侧滑步、碎步、前滑步、后滑步、后撤步、攻击步、交叉步、绕前步、绕后步。

2.运球技术

运球，一方面是对球进行支配控制、组织团队突破防守、组织战术配合的重要战术手段；一方面也是促进运动员熟悉珍珠球球性，增强水区单兵攻击力的重要手段。运球包括如下主要内容：

（1）快速运球，包括高、低运球两种模式。

（2）运球过程中的急停、急起动作。

（3）正面前进运动中的突然变向运球、正面单手虚晃变向运球突破。

（4）背后运球突破、转身运球突破。

（5）胯下变向运球突破、胯下接背后变向运球。

另外，珍珠球还包含很多的团队协作战术配合内容，球员需要对传切、掩护、策应等技巧进行长期训练。

可见，珍珠球的以上很多内容与现代篮球运动相似，但珍珠球作为我国少数民族传统体育的象征而存在，能够通过对于该运动项目的锻炼与学习，让学员、观众更多地认识我国多样的民族文化魅力，对于民族自豪感、凝聚力的塑造具有重大意义，还能强化人们内在的拼搏意识、进取精神，从而实现身心的双重健康发展，可谓意义深远。

三、木球

（一）项目概述

作为回族传统体育项目，木球源自回族青少年在放牧时"赶毛球""打篮子"的活动。一场木球比赛需要40分钟，前半场20分钟，后半场20分钟，前半场与后半场之间有10分钟的休息时间。

木球比赛和冰球比赛、曲棍球比赛很是相近。运动员手持击球板快速进行奔跑，彼此之间配合传接。当球被击打、快速飞出后，能瞬间入门即可得分。在木球竞赛中，能够体现集体的默契配合，也能彰显运动员个人所具备的高超技巧，回族青少年对其颇为喜爱。

现代木球比赛对传统木球比赛进行了许多改进，其着眼于提升运动员比赛中的安全防护，将球板材料选为有着较强韧性的槐木，同时还对球板的板头处进行包胶，防止比赛过程中出现板体开裂等问题造成人员受伤，同时也增强了缓冲力。

此外，木球也得到了一定改进，其虽然依旧为木质材质，不过外层被覆盖了软海绵、橡胶，可谓得到双重防护。经过改进的木球运动安全性更高，也焕发出新的生命力。

（二）技术教学

1. 接球技术

所谓"接球"，指的是运动员有目的、有针对性地合理运用击球板部位，把运行中的球停挡在自己控制范围内。主要是服务于运球、传球、过人与射门。接球技术中，分为正板、反板接球。

（1）正板接球

运动员接球之前，双脚一前一后站立，支撑身体的脚要正面对向球来的方向，微微弯曲膝关节，将身体重心转移到支撑脚上，略微向前俯去上半身。同时，使用单手或者双手握住击球板，让击球板弯头处和地面形成一定夹角，当球滚到支撑脚前内侧踝骨附近时，再用击球板的弯头处对球的中上部进行挡压，让球在自己身体前面停下。这里再着重强调一点，当击球板碰到球的瞬间，运动员一定要把停球运动做标准，否则接球效果将受到影响，甚至会导致失败。

（2）反板接球

从动作方法上看，反板接球相同于正板接球，不过运动员手持击球板压球时，方向不同。

2. 运球技术

所谓"运球"，就是运动员在场内奔跑时，连续推拨球或轻击球。运球技术主要分为推球运球和拨球运球。

（1）推球运球

运动员准备推球运球时，要在跑动过程中自然放松身体，让上半身微微前倾，用单手或者双手握住击球板，弯曲膝关节，跑动向前。运球过程中，要用击球板弯头处正面底部推球向前。这里再着重强调一点，推球运球时，击球板弯头处底部要始终保持和球的接触，运动员的重心也要随着球一起向前移动。

（2）拨球运球

运动员要将支撑脚向前稍稍跨出一些，面向球的前方，微微弯曲膝关节，上半身前倾并转向里侧。伴随身体前移，运动员双手或者单手握住击球板，将其微微提起，用击球板弯头处内侧去拨球中后部。拨球运球的关键在于，击球板要始终保持和球的接触，运动员目视前方，用眼角余光关注球。这里再着重强调一点，运动员需要时刻对场上情况进行观察，从而找到射门合适机会，或者寻找机会将球向处于有利位置的队友传递。

3. 传球技术

对于变换战术、组织进攻、创造射门机会来说，传球可谓非常有效的手段。所谓"传球"，就是运动员对手臂、腰部力量进行利用，先向后预摆，转腰发力，紧接着挥动手臂，让击球板向前击送出球。传球技术又被分为正手传球、反手传球和传腾空球。

（1）正手传球

进行正手传球时，运动员左右脚一前一后站立，也可平行站立，微微弯曲膝关节，单手或双手握住击球板，将击球板的上端对准球的位置或者来球方向，以肩膀为轴，由下往后上方向前下方挥舞击球板，传击出球。这里再着重强调一点，击球时，运动员要用击球板弯头处对球的中后部进行击打。击球后，运动员手持击球板，要有一个忽停的动作。

（2）反手传球

这一动作从方法上来看，基本相同于正手传球。不过，如果运动员对运动中来球有着较为迟缓的判断，那么反手传球动作可能相对较慢，容易影响击球准确性。

（3）传腾空球

运动员依照来球运行路线，对击球点进行确定，身体朝向击球方向，支撑脚向前上步，用脚尖对着出球方向。紧接着运动员要以肩为轴，单手或双手握住击球板，让它向着来球方向由前往前上方摆动，将球中部击中。运动员击球时，要保持目光注视着球。这里再着重强调一点，当传腾空球时，运动员要对球的运行路线、击球点进行判断，放松肩部，这样能够防止迟缓挥摆板，避免出现击球失误。

4. 射门技术

木球运动中，想要赢得比赛胜利，运动员就要有良好的射门意识，还要保证射门技术的快速准确。木球运动得分的关键就在射门的准确性、突然性。射门技术包括扫射和击射。

（1）扫射

运动员准备扫射时，要让左、右两脚一前一后站立，微微弯曲膝关节，让上半身略微前倾，把身体重心转移到两脚中间，身体面朝来球方向。当球到射门一侧支撑脚附近时，运动员要用双手或者单手握住击球板，用击球板弯头处将球扫射向球门。这里再着重强调一点，扫射时，运动员要对球进行准确判断，及时对击球板进行挥摆，果断有力地进行动作。如果持板手腕后翻接击球时没有形成连贯动作，那么就可能出现未能准确击球的失误。

（2）击射

击射时，运动员要始终保持住正确的运球动作。一旦射门空挡出现，就要让持握击球板的手腕用力翻向后上方，让击球板离开运行中的球，朝前下方对运行中的球的中下部位用力敲击，让球射向球门。这一技术的关键点在于手腕要突然发力。

第三节　民族传统体育娱乐休闲活动

一、龙舟

（一）项目概述

中国龙舟竞赛规则为龙舟运动给出了这样的定义——以划桨为动力，集竞技、健身、娱乐、祭祀等于一身，通过鼓手、锣手、划手、舵手同心协力的方式进行的体育运动。

龙舟运动是一项增强人们体质的重要锻炼手段，经常从事龙舟运动可以促进身体的新陈代谢，改善和提高人体各器官机能。龙舟运动是我国的一个重要的传统体育比赛项目，人们通过龙舟运动的比赛和训练可以全面有效地提高身体素质，提高运动技能，它可以促进人与人之间的相互团结和沟通，培养人们良好的组织纪律性和协调配合，还有勇于拼搏和克服困难的良好品质。龙舟运动的一大特点是锻炼形式多样化，练习时也不受年龄、性别、人数、时间和季节等限制，是一个上手容易又便于开展的体育项目。由于龙舟运动通常都是在江、河、湖、海中进行，室外阳光充足，空气新鲜，身体可以在大自然条件下得到锻炼。龙舟运动作为一种普通大众的娱乐活动在场地要求上不是很严格，一般的划龙舟活动对场地、设备和器材的要求也比较简单，但作为竞技比赛活动的场地则要求非常严格，必须是静水，且对水域面积也有一定要求。划龙舟活动可以是几个人，也可以是十几个人、几十个人甚至上百人参加，比赛通常以船到达终点所用时间的长短来确定胜负。1985 年中国龙舟协会在湖北省的宜昌市宣告成立，总部设在北京市。它是中华全国体育总会下辖的单项运动协会之一，也是中国龙舟运动的全国性群众组织。协会下设有会员代表大会、常务委员会、裁判委员会、技术委员会、文史资料委员会等机构。其宗旨是宣传和指导全国龙舟活动，审定竞赛规则和裁判法，组织全国性竞赛和运动员、裁判员的培训工作，考核、审批国家级裁判员，审定竞赛器材标准，参加或举办国际比赛等，我国是国际龙舟联合会创始国之一。

赛龙舟可以说是中国一项历史非常悠久并有鲜明特色的传统水上体育运动项目，这一运动项目不仅根据古老的传说和想象塑造出了栩栩如生的中国龙形象，重要的是它突出体现了"龙的传人"那种同舟共济、奋力拼搏、勇往直前的豪迈气质。凡是观看过龙舟竞渡的人，都会被比赛时划手们奋勇争先的场景所感染和鼓舞。随着中国社会发展和进步，赛龙舟从古代一直延续到了今天，而且始终都保持了中国原有的民族特色和风格。在我国现代社会的发展过程中，源于中国的龙舟运动可以说目前正处于蓬勃发展的时代，它今天的兴旺是许多致力于龙舟运动推广与发展的有志之士不懈努力的成果，他们的努力使得今天的龙舟运动在全世界得到了令人惊叹的发展与普及。近年来，我国各地兴起的各种龙舟比赛，已悄然成为发扬传统文化和民族体育融合的一个体育与文化的民俗盛宴，这项兴起于草根、盛行在民间的传统水上体育项目迎来了历史上最好的发展时期，正一步一步"划"向世界。

（二）技术教学

在龙舟划行过程中，划手需要从坐姿、握桨、入水、拉手、御水空中移桨等方面进行长期的技术与技巧练习。

关于坐姿，划手分为左、右两排，两排选手全部坐好后，需要保持身体坐姿端正，对于右排的划手来讲，必须要用右腿大腿外侧贴紧船边，脚掌顶住前面的隔板，既能稳定自身的平衡与重心，也能更加便于结合躯体的动作，从而有利于充分发力。

关于握桨，要握住桨的上端，四指需要并拢，掌心紧紧包裹桨把，大拇指在另一面与并拢的四指相连接。

关于入水，入水之时，手臂需要用力向下拉水，桨入水的角度一般小于或等于90度，手臂向后拉，整个动作与火车开动过程中的传动臂相似。

关于拉水，划手需要进行快速及时的拉水动作，拉水时右臂要用力向后拉，拉的同时左臂配合下压，让船桨在水中产生更大的反作用力，可以让身体有一定程度的后移动作，但是拉水同时必须要保证身体的稳定，让蹬住隔板的腿保持身体的平衡，拉水的距离为1米至1.2米，不可过短，也不可过长。

关于桨出水，拉水结束后，需要把桨拉出水面，出水过程左臂放松，结合右手手腕翻转内扣的力量，共同使船桨抬出水面。动作要领：桨不需抬得过于高，高度超过水平面即可，否则会耗费体力，还会对肩关节增大压力。

关于前推移桨，包含两种常用方式：

第一种，首先，左手用力下压，这时船桨会平行于水平面，其次，右臂往前推桨，然后入水。此种方式比较适用于风浪大的比赛场地，同样适用于力量较大的运动员，他们能够通过比较充沛的体力抵消风浪的冲力。

第二种，首先，双臂往上抬起并往前推，在推的过程中要注意不能让桨叶碰触水面，否则会产生较大阻力，从而让之后的推桨过程变得艰难。其次，也不能为了避免接触水面而把桨提得太高，这样会延长划桨的时间、增大划桨体力消耗，影响最后的划行速度。

二、舞龙

（一）项目概述

舞龙，又被称之为"玩龙灯"，是我国汉族一项传统民俗文化活动。其来源于古人对龙的崇拜之情。每到佳节时分，人们都会进行舞龙活动。一年之中，人们从春节就开始舞龙，二月二"龙抬头"自然也不例外，端午节的时候也有舞龙活动。在舞龙时，龙的眼睛会追随着移动的绣球做出各种动作，龙也会将多种姿势（扭、跳、仰、摇、挥、跪等）不断展现出来。现在舞龙的基本动作分为三个等级，分别为 A 级、B 级、C 级，其中，A 级难度的动作有：直线行进、曲线行进、起伏行进等。B 级难度的动作有：快速顺逆连续跑圆场、快速矮步跑圆场越障碍等。C 级难度的动作有：直线后倒、鲤鱼打挺接擎龙行进等。而按照舞龙的形式又可分为舞龙珠、舞龙头、舞龙身、舞龙尾。下面则对舞龙的技术进行介绍。

（二）技术教学

1. 基本动作

（1）基本握法

①正常位：双手握住把位，左臂肘或右臂肘稍微弯曲。伸直左臂或右臂，将手放于把位末端，握住把的上端，高度与胸部持平。

正常位动作要领：昂首挺胸，收腹塌腰，手要平稳地握住把位，把位与胸部的距离保持在一拳的距离水平。

②滑把：一只手稳稳地握住把位不移动，另一只手则在把握上上下滑动。

滑把动作要领：滑动应均匀一致。

③换把：结合滑动把位的动作，当滑动手靠近固定手位置时，更换手，滑动手握住把位，变成固定手位，固定手位移动，变成滑动手位。

换把动作要领：当更换把手位置时，人在随着龙体轨迹运行的同时还应保持身体的平稳。

（2）基本步型

①正步：让两脚间保持并拢状态，脚尖向前，重心落在双脚上。

②虚步：立虚丁字步，左腿或右腿呈现半蹲状态。

③虚丁步：（前点步）立丁字步，右脚或左脚沿着脚尖方向伸出，绷脚点地并向外移动大腿。

④弓箭步：左脚或者右脚迈向前方，弯曲膝盖，让小腿保持垂直，脚尖方向朝前，挺直另一条腿，略略弯曲脚尖，保持内扣，重心集中于左腿与右腿中间。要注意的是，此时上半身朝向需要与迈向前方的脚尖方向一致。

⑤小八字步：左脚脚跟靠拢于右脚脚跟，而脚尖则相反，需要分开，一左一右对着前脚方向。

⑥大八字步：与小八字步型一致，唯一的区别便是左脚跟与右脚跟间需相距一脚半的距离。

⑦丁字步：右脚跟靠拢左脚足弓处，或者是左脚跟靠拢右脚足弓处，脚尖方向同小八字步。

⑧步型动作要领：舞龙要求在练习基本步型时，步型要稳，弓步、虚步都要到位。

（3）基本步法

①矮步。左腿和右腿都半弯曲，将脚尖勾起，迅速且连续地从脚跟到脚尖滚动向前前行，每一步距离长短约等于自身脚长。

矮步动作要领：昂首挺胸、收腹塌腰、身型要正且直。要有平稳的身体重心，避免出现上下起伏等问题。落步的时候，脚跟须向全脚掌快速过渡，同时注意步伐幅度。

②跟步可分为单碾步和双碾步。

单碾步：准备势脚站立小八字步，手握住把位，呈上举状态的姿势，右脚以右脚掌为中心轴，右脚跟稍微抬起，左脚以左脚跟为中心轴，左脚掌稍微抬起，左脚和右脚同时向右侧碾动，由正小八字步变成反小八字步，之后右脚以右脚跟为中心轴，左脚以左脚掌为中心轴，右脚和左脚用时向右侧碾动，形成正小八字步，按此步骤反复进行练习。

单碾步动作要领：练习者要将关注点放在双脚上，必须同时碾动，膝盖放松，动作要连贯一致，碾动时还需保持身体平衡稳定。

双碾步：准备势站立正步，将左脚和右脚的脚跟作为中心轴，左脚尖和右脚尖同时向左或是向右碾动，之后再以左脚尖和右脚尖为中心轴，左脚跟和右脚跟同时向左或是向右碾动，按此步骤反复进行练习。

双碾步动作要领：其与单跟步的动作要领是一致的，此处不再重述。

③圆场步：沿着圆线前进，左脚向前踏一步，左脚跟放在右脚前面，左脚跟先着地，然后移到前脚掌位置，同时抬起右脚跟，右脚和左脚步行动步骤要一致，左脚和右脚的动作要保持在一条直线上。

圆场步动作要领：上腿部分靠拢，膝盖稍微弯曲，并且放松，无论是快走还是慢走，身体都要求保持平稳。

④弧形步：略略弯曲双腿，让双脚向前连续、快速前行。这里我们所迈出的一步距离，大约比肩膀略宽些即可。注意前进时要沿着弧形路线，目光始终注视着龙的身体。

弧形步动作要领：昂首挺胸、收腹塌腰，保持身体重心平稳，向前前行时要和龙身体的上下起伏运动保持协调一致。落步时，脚跟同样要向全脚掌快速过渡，同时对方向转换以及转腰多加重视。

（4）跳跃翻腾

①踹子：练习者在经过助跑、趋步之后，要侧转上半身，并将上半身向前压。双手应放置于身体前，轮流支撑地面，双腿随机轮流蹬、摆向上方，在经倒立部位后，推地，双腿合并后踹，当前脚掌蹬地后，快速带臂，梗头向外转体成90°，成直角形态跳起。

踹子动作要领：当左脚或者右脚摆过倒立部位后，要用力推地，左腿、右腿迅速压向后方，让身体与地面形成45°—55°夹角；在跳起时，快速立腰，并梗头，含胸，提气，左臂和右臂配合向前上方带。

②旋子：双脚并排站立，身体右转，左脚迈向左侧；双手平行摆动于右侧，随后上半身俯向前方，扭转向左侧后上方，弯曲左腿到膝盖处，双臂跟随身体平行摆动，同时右腿摆动向后上方，左腿蹬地伸直，相继摆动向后上方，让身体水平旋转于空中，之后双脚依照顺序先后落地。

旋子动作要领：要协调配合地进行转头、蹬地、摆臂、摆腿、甩腰的动作。

③抢背：右脚在前方，左脚在后方，站位交错。左脚从后面向上摆，右脚则进行蹬地、弹跳，身体团起，翻滚向前，弯曲双腿膝盖。

抢背动作要领：要依照次序让肩膀、背部、腰部、臀部落地，滚翻不仅要圆，而且要快速，立起时同样要动作迅速。

④旋风脚：让左脚向左迈出，同时左手摆向上前方，右手手臂拿着"龙珠"，水平向后伸直，摆动向左、右两侧；随后，右腿迈步，右脚脚尖弯曲向内，做好蹬地以及踏跳的准备，左手手臂摆动向下，弯曲手肘，收回到右胸前，与此同时，右手手臂摆动向上前方，上半身转向左侧，俯身向前，向右移动身体重心，弯曲右膝，做蹲地跳起动作，提起左腿，摆向左上方，同时进行一周旋转，右腿做里合腿，在身体前左手手掌与右手手掌相击，自然下垂左腿。

旋风腿动作要领：当右腿做里合腿的时候，应当向身体靠近，摆动时，要挺直膝盖，由外向内呈扇形；击响点须靠近前方，向外摆左腿，且舒展开来，在击响的一刹那离地，腾空而起。

⑤侧空翻：左脚向前上步蹬地，伸展膝、踝关节，右腿向后上摆起，同时上体向左侧倾斜，利用摆腿动作惯力，使身体在空中向左侧翻转，之后右脚和左脚依序着落地面上。

侧空翻动作要领：双腿伸直，翻转要迅速，着地须轻。

⑥后空翻：站着伊始，提前摆动左臂和右臂，然后经下向前上方领，配合左腿和右腿的膝盖弯曲后，蹬地而起，离地腾空后，提膝团身，抱着双腿向后面翻转，到达3/4周时，举起两臂向上抬起，展体着落呈站立姿势。

后空翻动作要领：要将双臂同时向上积极带起，继而提肩，梗头，含胸，立腰；当腾空跳起接近制高点时，要立即制动双臂，迅速提膝，将小腹收紧，团身翻臀；当胸部面朝下时，迅速撤腿，同时伸展抬上体。

⑦腾空箭弹：向前迈出右脚，伸直膝盖关节，让右脚脚后跟着地；向前摆动左手手臂，左手拿着龙珠，向后摆动，目光望向前方；随后，右脚平稳地进行蹬地，与此同时向上方弹跳而起，紧接着，左脚摆向上前方，右脚蹬地跳向上方，让身体离开地面；右腿迅速进行挺膝，弹踢向前上方，平放脚掌，弯曲左膝，向回收。

腾空箭弹动作要领：起跳时，应当充分蹬伸腿部，上半身向后倾去，同时伴随前伸，要对自己的呼吸多加注意，立腰、上顶；在空中时，要进行收腹、收臀，让上半身略略前倾。落地之时，要保证是前脚先行着地，之后再从前脚掌过渡向全脚掌，旋即屈臀、屈膝进行缓冲。

⑧鲤鱼打挺：

让身体姿势保持仰卧状态，伸直双腿，抬起向上。双手分别一左一右扶在相对应的腿上。接下来，依靠双手推力，让双腿摆动于前上方，与此同时，挺胸、挺腹、头顶地，通过双腿摆动形成的惯性，让身体离开地面，随后腾空而起。最后，保证双脚同时接触地面，稳稳站立。

鲤鱼打挺动作要领：摆动双腿时，要和挺腹协调一致，双腿分开的距离，往往应当比肩宽要小。

2. 组合动作

（1）游龙动作

这一动作能够对龙所具有的动态特征进行充分展现，如屈伸绵延、上升、下降、盘旋、左右翻转等。在舞龙者游走和迅速奔跑的过程中，龙体舞动的快慢高低及其形成的波动，都将龙的动态特征展现得淋漓尽致。游龙动作有很多，包括跨越障碍、走圆场、直线前进、起伏前进、曲线前进等。

动作要领：在游龙过程中，要让龙体遵循圆、弧以及曲线运动规律前进。舞龙者的动作要协调于龙体起伏前进的动作。

（2）穿腾动作

穿越以及腾跃都属于穿腾动作。龙体的运动线路体现为交叉型，当龙珠、龙首以及各节龙体依次从龙体下方通过时，也就是"穿越"动作。相反，如果从上方跨过，就是"腾跃"。连续腾越行进、首尾穿（越）肚、越龙尾、穿龙尾、龙脱衣、龙穿衣等都属于穿腾动作。

动作要领：在做穿腾动作时，要注意龙形始终保持饱满，保证动作流畅，不要有停顿现象，动作以轻松灵活为佳，速度要均匀适中，做到不碰到龙体以及龙体不拖地。

（3）翻滚动作

翻滚动作是指舞龙者运用手翻、滚翻等方法越过龙体。完成翻滚动作时，不能够影响龙体本身运动的幅度、速度以及美感，因而有一定难度以及很高的技术要求。

动作要领：翻滚动作需要干净利落，同时要保持饱满圆顺的龙形。舞龙者要有流畅的运动轨迹，准确规范地对技巧动作加以运用。

（4）"8"字舞龙动作

舞龙者要在身体两侧让龙体进行"8"字形环绕动作，做该舞龙动作时，速度可快也可慢，既可原地做，也可在行进过程中做，还可以通过对人体进行利用组成多种多样的形态。

动作要领：在做"8"字舞龙动作时，龙体运动轨迹要圆顺，人体造型姿势要优美，做到龙体运动与人体协调、统一，快舞龙要突出速度、力量，每个动作各不少于4次，单侧舞龙每个动作上下各不少于6次。

（5）组图造型动作

在舞龙过程中，组图造型动作就是相对静止的龙体造型以及龙体的运动形态图案，包括上肩高塔、龙出宫、龙门、蝴蝶盘花、塔盘等。

动作要领：对于静止的龙体造型来说，应当拥有逼真的造型形象，从而用形体传递意蕴与神韵。造型需要协调配合于龙珠，组图造型要有紧凑利索的连接与解脱。

3. 基本方法

（1）舞龙珠

持有龙珠的人也就是舞龙队的指挥者，伴随着鼓乐伴奏，指挥者要对舞龙者进行指引，完成一系列舞龙动作，保证舞龙过程协调顺畅，拥有鲜活生动的舞龙效果。

动作要领：指挥者的目光要时刻落在龙珠上，同时还应当对整个舞龙队伍以及周边环境情况变化进行环视，做到心中有数。舞龙珠时，要协调配合于龙头，与之保持一定距离（约1米左右）。整个舞龙过程中，龙珠要不断进行旋转。

（2）舞龙头

舞龙头时，龙头的移动要紧密跟随着龙珠，如前所述，龙嘴与龙珠要保持约1米的距离，呈现吞吐龙珠的效果，为此要对协调配合多加注意。舞龙时，龙头不能停止摆动，这样才能将龙的生机活力展现而出，也体现龙所独有的威武环视之势。

动作要领：替换龙头时，要保证动作发挥不受影响。龙头体积比较大，要注意对其进行左右摆动时，不能碰触到舞龙者或者龙身。

（3）舞龙身

舞龙身时，舞龙者要注意与自己的前或后时刻保持一定距离，做到眼观六路，紧紧跟随在前者身后，走定位。当舞高时，舞龙者应当将龙身尽量抬高，为此甚至可以做跳跃动作；在舞低时，也要将龙身尽量放低，不过要注意的是，龙身不能够和地面相接触。当对龙身进行左右高低多方位舞动时，龙所具有的翻腾之势就会被展现得淋漓尽致，因而舞龙者要保证龙身体随时都处于移动状态。

动作要领：其一是龙体不应当出现任何不合理的打结；其二是在做穿与跳的动作时，要对手柄握法多加注意，不能超出手柄下端，避免刮伤他人；其三是左右进行舞动时，要保证圆滑、顺畅的龙体运动。

（4）舞龙尾

舞龙尾时，要轻巧生动地翻转龙尾，避免动作上的拖泥带水，不然龙尾就很有可能接触地面，甚至造成设备损害，让观众觉得舞龙僵硬。舞龙尾的人也起到领导作用，因为舞龙时的部分动作，必须通过龙尾进行带动。同时，龙尾对舞龙时整体弧度大小也起到控制作用。因而对于龙尾舞者而言，特别需要具备精炼、明确、清晰的头脑与思维。当舞龙者持龙尾做出挑或者穿的动作时，要对尾部多加注意，避免碰撞到他人。当然，重中之重是要让龙身时刻保持摆动状态。

动作要领：不能让龙尾和地面相碰；舞龙时，龙尾要时刻保持左右晃动状态。

三、舞狮

（一）项目概述

舞狮运动，顾名思义，就是舞狮者通过对多种步法步形的运用，在由狮头和狮尾组成的狮子内，对狮子动态（如跃、跌、扒、摔等）进行模仿，同时，通过高难度动作（如回旋、腾、扑、闪、挪、飞跃等）对狮子八态（喜、怒、哀、乐、动、静、惊、疑）进行演绎，或是将狮子的刚劲威猛展露无遗，或是将其憨态可掬的神态表现得惟妙惟肖。舞狮运动也是一种民族传统运动，当狮子跳跃飞腾时，观众会惊呼连连，感到昂扬振奋；而在舞到舒缓婉转之处时，又令观众心生喜爱、忍俊不禁，拍手称绝。

（二）技术教学

1. 基本动作

（1）狮头的握法

①单阴手：在握狮头时使用一只手，让手背一面朝上，狮舌用大拇指托住，剩余的食指、中指、无名指、小拇指则自然握在狮舌上方。

②单阳手：这一动作恰好相反于单阴手，是手掌心一面向上。

③双阴手：这一动作相同于单阴手，不过是左、右两只手分别握住狮舌左、右两侧头角部位。

④双阳手：这一动作恰好相反于双阴手，不过所握的都是狮舌左、右两侧头角部位。

此外，还有闭口式、开口式等握法，选择何种握法，都是根据对狮子形态表演需要而定的。

（2）狮尾的握法

①单手握法：舞狮中负责狮尾的人将自己的大拇指插进负责狮头的人的腰带之中，其余手指和大拇指一起，将腰带轻轻抓住；与此同时，另一只手可以做出摆动尾巴等动作。

②双手握法：舞狮尾者将自己左、右手的大拇指都插进舞狮头者的腰带内，采用这种握法，在做动作时可以紧紧握住舞狮头者的腰带。

（3）基本步法

①上步和退步：上步即左、右脚先平行站立，其中一只脚向前迈步，另一只脚紧跟其后；反过来向后撤步，就是退步。

②侧步：侧步中又被分为左侧步和右侧步。同样是左、右两脚平行站立，随后左脚向左侧迈出一大步（或者右脚向右侧），另一只脚紧跟其后。

③弓步：右腿弯曲，大腿和地面平行，上半身面朝前方，保持前弓后绷状态。

④扑步（铲步）：左腿弯曲，保持全蹲状态，舞狮者将身体重心转移到左腿。同时，右腿前伸向右侧，让大腿与小腿形成一条直线，右脚脚掌成内扣状态。左、右动作相同，但方向相反。

⑤跪步：首先舞狮者保持最基本的站立姿势，左腿弯曲，大腿与小腿之间呈90°左右。右腿同样弯曲，不过大腿小腿之间小于90°，右腿膝关节以及右脚脚趾着地，上半身向前微倾，这时身体的重心应放在右脚上。左、右动作相同，但方向相反。

⑥虚步：舞狮者弯曲左腿，同时将身体重心转移到左腿上，右腿微微弯曲，脚尖向前点在地面上。左、右动作相同，但方向相反。

⑦吊步：吊步要以虚步为前提。舞狮者将右腿提起，随后弯曲支撑腿，右大腿位于体前，呈水平状态，放松膝关节、自然下垂小腿、绷直脚尖。左、右动作相同，但方向相反。

⑧插步：舞狮者最开始为基本站姿，随后将重心放在左脚上，提起右脚，下插至左脚左后方，让左腿与右腿形成交叉状态。左、右动作相同，但方向相反。

⑨跃步：同样的，最开始舞狮者是基本站姿，随后下蹲，用力蹬向地面，向左上方或是向右上方跃起，回到地面后还原姿势。

⑩探步：起始动作为"右虚步"，继而提起右腿，让右大腿与地面平行，接下来以左腿膝关节为轴，前伸小腿、前点脚尖。左、右动作相同，但方向相反。

⑪交叉步：交叉步又包括左交叉步和右交叉步。移动方向的异侧脚向运动方向一侧跨出一大步（经两腿交叉），另一脚随即向运动方向一侧跨出一步成平行站立。

⑫开合步：起始姿势为基本站立姿势，两只脚蹬向地面，左、右两腿分开，中间距离要比肩膀宽；接下来，双脚继续蹬地，并拢双腿。在上述动作进行过程中，舞狮者的上半身应当时刻保持基本姿势。

⑬行礼步：起始姿势为基本站姿。这里我们以左行礼步为例进行阐述。首先，双脚用力蹬向地面，跳跃而起，随后落地在中线处，将身体重心转移到右脚，成左虚步姿态。左右动作相同，但方向相反。

⑭麒麟步：起始姿势为基本站姿。舞狮者将重心放在左脚处，右脚从左脚处经过，往左前方移步。双腿成交叉、弯曲状态，此时再将重心转移到左右腿中间。左、右动作相同，但方向相反。

⑮小跑步：起始姿势为基本站姿。舞狮者提起脚跟，用前脚掌接触地面，双脚交替着向前小跑着移动。

⑯小跳步：这一动作要求较为严格，舞狮者可以跟随舞狮方向随意进行跳跃，跳跃时既可双脚一起，也可仅用单脚。此外，还有打转身、并脚直立跳、双飞脚、单跳步、击步、碎步、跨跳步等。舞狮者要注意，双腿用力蹬向地面，跳向前方，当身体腾空的时候，向左稍微转动，当两脚落回地面后，形成侧向马步。左、右动作相同，但方向相反。

⑰大四平步：左、右脚分开站立，中间距离比肩膀宽，同时弯曲双腿，左、右大腿平行于地面，保持上半身正直，挺胸收腹。

⑱金鸡独立步：提起右腿，大腿平行于地面，大腿小腿之间小于90°夹角，同时绷直脚尖，微微将上半身向前倾。左、右动作相同，但方向相反。

2. 技术实践

（1）摇头摆尾

一人舞狮头，一人舞狮尾。舞狮头者做左右摆头的动作，舞狮尾者则随着舞狮头者的摆动舞动狮尾，即为摇头摆尾。

（2）叩首

舞狮中负责狮头的人，把狮头放在自己头部上，快速用小碎步跑向前方的同时将狮头举起。要注意的是，跑动时狮头需要左右摇摆，做出眨眼等动作。舞狮尾者则低头塌腰，用双手搂住舞狮头者的腰部，随着舞狮头者运动，之后再以同样的动作退回，两者配合做出叩拜的动作。叩拜按照左、右、中间的方向进行，在叩拜的同时，还应有下肢的小跳步动作，即为叩首。

（3）翻滚

翻滚动作的表演者分为两组，后组舞者抓住前组队员的腰部，后组舞者将身体的重心下移，一脚蹬地，向一侧滚动，后组舞者做翻滚动作的同时前组舞者高举狮头，即为翻滚。

（4）叠罗汉

舞狮中负责狮尾的人保持马步姿势，负责狮头的人双脚踩上其膝盖处。此时，负责狮尾的人将双手扶在对方腰上，让其站得更稳。负责狮头的人则开始舞出各种动作。

（5）引狮员基本动作

引狮员的基本动作可以分为动、静两种。引狮员在亮相时做的动作为静态动作，包括弓步抱球、高虚步举球、弓步戏球等。其在舞狮表演中所进行的则是动态动作，包括行步、跳跃、翻腾等。

第四节　民族传统体育养生保健活动

一、太极拳

（一）动作名称

第 1—3 式：起势；左右野马分鬃；白鹤亮翅。

第 2—6 式：左右搂膝拗步；手挥琵琶；左右倒卷肱。

第 3—8 式：左揽雀尾；右揽雀尾。

第 4—11 式：单鞭；云手；单鞭。

第 12—15 式：高探马；右蹬脚；双峰贯耳；转身左蹬脚。

第 16—17 式：左下势独立；右下势独立。

第 18—20 式：左右穿梭；海底针；闪通臂。

第 21—24 式：转身搬拦锤；如封似闭；十字手；收势。

（二）技术教学

1. 起势

练习方法：双脚并拢起来，身体呈直立状态，头部也要保持正直；两条手臂自然状态下垂，手指指尖轻轻贴在大腿的两侧；双眼直视正前方。左脚向左缓慢迈开，达到的宽度和肩膀的宽度相同，脚尖朝前。两条手臂向前平举，直到达到和肩膀的高度相同，和肩膀的宽度也要相同，手心朝下。上半身保持正直状态，两条腿向下蹲；两个手掌向下按到腹部上，两个手肘下垂和膝盖相对；眼睛保持直视正前方。

动作要领：头部和颈部要保持正直状态，下颌要向后收起，不需要挺胸收腹，成放松状态，精神也要集中起来。双肩不要过于紧张，成下沉的状态，两个手臂的手肘也是放松的状态，手指成自然微屈，身体的重心在腿的中间。蹲下动作时臀部不能凸出来。双臂的动作要和下蹲的动作保持一致。

2. 左右野马分鬃

练习方法：

（1）上半身向右旋转，身体的中心随之转到左腿上；右臂在胸前平屈，手掌的手心向下，左手在身体前方向右侧下方画一条弧线然后放在右手的下方，掌心和右手相反，掌心朝上，两手形成抱球的形状；左脚放到右脚的内侧，脚尖点地；眼睛看向右手。

（2）上半身向左方旋转，左脚向左前方迈出一步，左手随着身体的转动向左上方打开，右手向右下方打开，两手错开；眼睛看向左手。

（3）上半身继续向左旋转，右脚跟向后蹬，右腿伸直形成左弓步；两只手继续之前（2）的动作分别向左上方和右下方打开，直到左手的高度和眼睛持平，掌心呈斜向上的姿势，手肘呈微微弯曲的状态；右手放到右胯的旁边，手肘也成微屈状态，掌心是向下的，指尖朝前；眼睛看向左手。

（4）上半身慢慢向后坐，身体的重心在右腿，左脚的脚尖微微翘起来，并且向外撇一些，同时两只手做好抱球的准备动作。

（5）左脚一点点踏实在地面上，左腿做前弓的动作，身体向左方旋转，重心移到左腿；同时左手向下翻转，左臂在胸前平屈，右手在身体前方向左侧下方画一条弧线然后放在左手的下方，两手形成抱球的形状，右脚放到左脚的内侧，脚尖点地；眼睛看向左手。

（6）上半身向右方旋转，右脚向右前方迈出一步，左手随着身体的转动向左下方打开，右手向右上方打开，两手错开；眼睛看向右手。

（7）左腿形成右弓步的状态；同时上半身继续向右方旋转，两只手随着身体的转动向左侧下方和右侧上方打开，右手的高度和眼睛相同，掌心呈斜向上的姿势，手肘呈微微弯曲的状态；左手放到左胯的旁边，手肘也成微屈状态，掌心是向下的，指尖朝前；眼睛看向右手。

（8）与（4）动作方法相同，但左、右相反。

（9）与（5）动作方法相同，但左、右相反。

（10）与（6）动作方法相同，但左、右相反。

（11）与（7）动作方法相同，但左、右相反。

动作要领：上半身保持直立状态，不要前俯后仰，两只手在分开的状态下也要保持弧形，在转动身体的时候要以腰部为轴，腿部的弓步动作和手部的分开动作要保持一致。在做弓步动作的时候，脚的脚跟先着地，之后再缓缓踏实地面，注意膝盖不要超过脚尖；在后面的腿要在后面蹬，这条腿和地面成45度夹角，双脚的横向距离在10到30厘米之间。

3. 白鹤亮翅

练习方法：身体的上半身微微向左方旋转，将左手的手掌向下翻转，左臂平屈胸前，右手向左上方划一条弧线，同时右手掌心向上翻转，左、右手形成抱球的姿势；眼睛看向左手。右脚向前跟进半步，上半身向后方坐下，重心转向右腿；上半身再向右方旋转，朝向右前方，眼睛看向右手；之后左脚稍微向前移动，脚尖点地，形成左虚步；同时上半身再向左侧微微旋转，直到面向前方，两只手随着动作左手向左下方打开，右手向右上方打开直到右边的额头前停下，掌心朝向左侧后方，左手放在左胯旁边，左手的手心朝下，指尖朝前，眼睛看向正前方。

动作要领：胸部不要向前挺出，手臂的上下保持半圆的形状，左边的膝盖微微屈起，身体的重心逐渐向后移动的过程要和右手向上的动作保持一致。

4. 左右搂膝拗步

练习方法：

（1）右手从身体的前方向下落，然后再从下方向后上方划一条弧线直到右肩的外侧，手肘呈屈起的状态，手的位置放在和耳朵的同等高度，掌心朝向斜上方；左手从左侧向上，再向右下方划一条弧线直到右侧的胸前，掌心朝向斜下方；同时上半身先向左旋转然后再向右侧旋转；左脚放到右脚的内侧，脚尖点地；眼睛看向右手。

（2）上半身向左方旋转，左脚抬起向左前方迈出形成左弓步的姿势；右手屈回与耳朵同高，并且从旁边向前伸，直到和鼻尖持平，左手向下伸，从左边的膝盖向前搂过放在左边胯的旁边，指尖朝前，眼睛看向右手。

（3）右腿屈膝，上半身向后坐，身体的重心放到右腿上，左脚尖跷起的同时向外撇一些，然后再踏实地面，左腿向前成弓步，身体转向左边，这时候身体的重心转移到了左腿上，右脚放到左脚的内侧，脚尖着地；手的姿势是左手向外面翻掌从左方向上划一条弧线落到左方肩膀的外侧，手肘微微屈起，手的高度和耳朵持平，掌心是成斜向上的姿势；右手正好相反，右上向左下方划一条弧线放在左边的胸前，掌心是成斜向下的姿势；眼睛看向左手。

（4）与（2）动作方法相同，但左、右相反。

（5）与（3）动作方法相同，但左、右相反。

（6）与（2）动作方法相同。

动作要领：手推出后，身体要保持直立状态，不能前俯后仰，身体不能太过放松，推掌的时候保持沉肩，手肘微垂，手部的动作要和松腰、做弓步时的动作协调一致。做弓步动作的时候，两脚之间的距离不宜过大，横向距离大概在30厘米。

5. 手挥琵琶

练习方法：左脚向前前进半步，上半身向后坐，身体的重心放在右腿上，上半身向右侧身。左脚向前移动形成左虚步，脚跟着地，脚尖跷起来，腿部微微屈膝；左手从左下方向上方举起，直到与鼻尖的高度持平，掌心朝着右侧，手臂微微屈起；右手往回收放到左臂手肘的里侧，掌心朝向左边；双手合十放在身前，眼睛看向左手的食指方向。

动作要领：身体放轻松成自然状态，沉肩垂肘，各个部位放松。左手向上移动的时候是从左侧向上或者向前，移动的轨迹为弧形。右脚向前移动的时候先放下前脚掌，然后再踏实。整体的动作都要协调一致。

6. 左右倒卷肱

练习方法：

（1）上半身向右方旋转，右手向上翻转使得掌心朝上，同时右手从腹部前方从下向后上方划一条弧线平举，手臂呈微屈的状态，左手也翻转向上；眼睛要随着身体的转动而转动，向右旋转眼睛就要向右看，然后视线再转到前方看向左手。

（2）右手臂屈肘折向前方，右手从耳朵的旁边向前伸，掌心是朝前的方向，左手臂屈肘向后撤，掌心是朝着上方，直到左肋旁边停下；同时左腿向后左方退一步，脚掌最先着地，然后再踏实地面，这时候身体的中心就在左腿上，形成右虚步，右脚跟着身体的旋转扭正，眼睛看向右手。

（3）上半身向左边旋转，左手同时向后部上方划一条弧线平举，掌心朝向上方，右手掌同时向上；眼睛实现随着身体的旋转先向左方看，再转向前方看向右手。

（4）与（2）动作方法相同，但左、右相反。

（5）与（3）动作方法相同，但左、右相反。

（6）与（2）动作方法相同。

（7）与（3）动作方法相同。

（8）与（2）动作方法相同，但左、右相反。

动作要领：向前推的手不能伸直，向后撤的时候也不能走直线回撤，要走弧线。在手部动作向前推的同时要旋转腰部，胯部是放松的姿态，这两个动作的速度要保持一致性，自然放松。向后退步的时候每次都是脚掌先着地，再缓慢地踏实脚掌，前方的脚要扭正方向，左腿后撤要向左后方斜，与右脚正好相对，两只脚不能踩在一条直线上。眼神要随着动作旋转视线左、右转移，大约为90度。

7. 左揽雀尾

练习方法：上半身稍微向左方旋转，同时右手在身体旋转的时候向后部上方划一条弧线平举，掌心朝着上方，左手略微放松，左手的掌心朝下；眼睛看着左手。身体继续向右旋转，左手向下放，并且在过程中翻转手掌从腹部的前方划弧直到右肋的前方，掌心朝着上方；右手臂屈肘，掌心向下翻转，直到放在右部的胸前，两个手掌形成抱球的姿势；这时候身体的重心在右腿，右脚放在左脚内侧，脚尖点地；眼睛看向右手。上半身向左侧微微旋转，左脚向左前方迈出，上半身继续向左旋转，右腿蹬直。左腿形成左弓步，同时左手臂向左前方拥出，高度与肩膀持平，掌心朝着后方；右手向下方落下，直到放到右胯旁，掌心朝着下方，指尖朝前；眼睛看着左手臂。身体向左侧微微旋转，左手在翻掌向下的同时向前伸，右手向上翻掌，从身体的前方经过向前上方伸到左前臂下方；然后两手下捋，上半身向右旋转，两只手经身体前方向右后上方划一条弧线，最后右掌心朝上，手的高度和肩膀持平，左侧手臂平屈胸前，掌心朝后；同时身体的中心转移到右腿；眼睛看向右手。身体微微向左旋转，右臂屈肘折回，右手附于左手腕里侧，两只手的距离有5厘米，上半身继续向左旋转，双手同时向前伸出，左侧的掌心朝后，右侧的掌心朝前，左前臂要保持半圆；身体的重心逐渐向前移动变成左弓步；眼睛看向左手腕。左手翻掌朝下，右手经过左腕上方向前和右侧伸出，和左手同样高度，掌心朝下，左、右两手分开，宽度和肩膀一样；然后右腿屈膝，上半身向后坐，身体中心转移到右腿上，左脚尖跷起；同时两手屈肘回收至腹前，掌心均向前下方；眼睛看向前方，上式不停，身体重心慢慢前移，同时两手向前、向上按出，掌心向前；左腿前弓成左弓步；眼睛直视前方。

动作要领：在伸出手臂之前，两条手臂的前后都要保持弧形，两只手分开的动作要和松腰、弓腿的动作一致；下捋的时候上半身不能向前倾，臀部也不能后凸。两只手臂上捋的动作要随着腰部旋转的动作。两条手臂向前伸的时候，上半身保持直立的状态。

8. 右揽雀尾

练习方法：

（1）上半身向后坐并且向右旋转，身体的中心转移到右腿上，左脚的脚尖向里回扣；右手向右侧划弧直到右侧然后向右下方移动经过腹前向左上方划弧直到左肋的前方，掌心朝着上方；左臂平屈胸前，左手和右手形成抱球的姿势；同时身体的中心转移到左腿，右脚收到左脚的内侧，脚尖点地，眼睛看向左手。

（2）剩余的动作和上方的左揽雀尾相同，只有左、右的方向是相反的。

动作要领：和上方的左揽雀尾相同，只有左、右的方向是相反的。

9. 单鞭

练习方法：上半身向后坐，身体的中心放在左腿上，右脚的脚尖向里扣；同时上半身向左旋转，两只手左手高于右手向左侧弧形运转，直到和右侧的手臂平举，伸于身体左侧，视线朝向左侧，右手经腹前运至肋前，掌心向后上方；眼睛看向左手。身体的中心再转移到右腿上，上半身向右旋转，左脚向右脚靠拢，脚尖点地；同时右手的掌心由里侧翻向外侧，向右上方划弧，直到移到右侧后变成勾手，手臂和肩膀的高度持平；左手向下经腹前向右上划弧停于右肩前，掌心向里；眼睛看向左手。上半身向左侧微微旋转，左脚向前侧方迈出，右脚跟后蹬，成左弓步；在身体的中心转移到左腿的同时，左手掌随着身体的转动翻转向前伸，掌心也向前，手指的高度和眼睛一致，手臂微屈，眼睛看向右手。

动作要领：上半身保持直立，松腰。右手臂肘部稍下垂，左肘与左膝上下相对，两个肩膀下沉。左手向外推的同时要翻转，速度要慢。整体动作要一致。

10. 云手

练习方法：

（1）身体的重心转移到右腿，身体向右旋转，左脚的脚尖内扣；左手从腹部的前方向右上划弧至右肩前，手心朝向斜后方，右手展开变掌；手心向右前，眼睛直视左手。

（2）上半身慢慢向右侧旋转，身体的重心向左移动；左手从面部前经过向左侧移动，手心朝向左方；右手从右下方经过腹部的前方向左上方划弧，直到左侧的肩膀部位停下，手心朝向斜后方；右脚逐渐靠近左脚，站成小开步，大约10到20厘米的距离，眼睛看向左手。

（3）上半身向右侧旋转，同时左手经过腹部前方，向右上方划弧直到右侧肩膀前方，手心成斜向后的方向；右手向右侧运转，手心翻转向右，之后左腿向左侧迈出一步，眼睛看向左手。

（4）同（2）动作方法相同。

（5）同（3）动作方法相同。

（6）同（2）动作方法相同。

动作要领：身体要以腰部为轴进行旋转，松腰、活胯，不能忽高忽低。两条手臂的转动跟随腰部的动作，自然缓慢均匀。双腿活动的时候重心要稳定，每次都是脚掌先着地再缓慢踏实。眼睛要跟随手部的移动轨迹活动。第三个"云手"右脚最后跟步时，脚尖微向内扣，便于接"单鞭"动作。

11. 单鞭

练习方法：上半身向右方旋转，左手向右侧运转，直到右侧方的时候变成勾手；左手腹前向右划弧至右肩前，掌心向内；身体的中心放在右腿上，左脚脚尖点地；眼睛看向右手。上半身向左旋转，左脚向左侧前方迈出，右脚跟后蹬，成左弓步；身体的重心转移到左腿的同时上半身继续向左侧旋转，左手掌翻转并向前推出，成"单鞭"式。

动作要领：上体保持正直，松腰沉肩。定势时左手尖、鼻尖、足尖方向一致，三尖相对，身体做到外三合即肩与胯合、肘与膝合、手与足合。左手要随转体边翻掌边前推，不要突翻猛推。单鞭方向应向东偏大约15°。

12. 高探马

练习方法：右脚跟进半步，身体的重心开始缓慢后撤到右腿，右手变为掌，双手手心进行翻转。双臂屈肘，上身略微朝右转向，最后左后脚跟稍稍离地，目视左前方。上身向左缓慢转动，目光视线随着身躯转动而微微转动，右掌从右耳右侧顺势往前推出，掌心朝前，手背与自身面部相对，高度大约与面部持平。随着右手推出，左手反向回收，停留于腰部左侧，手心朝上，手背朝下，同时，左脚稍稍前移，用脚尖点地，脚跟离地约三至五厘米，为左虚步，目视右手。

动作要领：重心后移，平稳过渡，身体立起成高虚步，上下意气对拉。右掌前探时，注意松肩沉肘，掌高不过顶。左掌回带时沉腕，肘不夹肋，两臂成弧形。

13. 右蹬脚

练习方法：

（1）左手的手心朝上，向前伸到右手的手腕背面，两只手交叉，之后再向两侧分开并且向下画弧线，首先斜向下方；同时左脚抬起向左前方迈开，重心移到前方，右腿蹬直，形成左弓步，眼睛直视前方。

（2）两手由外圈向里圈划弧，两手交叉合抱于胸前，右手放在外侧，两只手手心朝后；右脚向左脚靠拢，脚尖点地，眼睛看向右前方。

（3）两臂左右划弧分开平举，肘部微屈，手心都向着外侧；右腿屈膝向上提，右脚向右前方蹬出，眼睛看向右手。

动作要领：身体保持平稳，不能前后摇摆。两只手分开的时候腕部要和肩膀保持一个高度。蹬脚的时候左腿微微弯曲，右脚尖向回勾，脚后跟使劲。双手分开的动作要和蹬脚一致。右臂和右腿上下相对。如面向南起势，蹬脚方向应为正东偏南（约30°）。

14. 双峰贯耳

练习方法：右腿往回收起，屈膝平举，左手从后方向上移动，再向前方下落，两只手的手心翻转向上，两手同时向下划弧，分落于右膝盖两侧；眼睛直视前方。右脚于前方落下，身体重心向前移动，形成右弓步。身体面向右前方；同时两只手向下落，握拳，分别从两侧向上和前方划弧到面部前方，成钳形状：两拳相对，和耳朵的高度一直，拳眼都斜向下，眼睛看向右拳。

动作要领：完成本势时，头部和颈部保持挺直，松腰松胯，两拳放松握着，沉肩垂肘，两臂均保持弧形。"双峰贯耳"的弓步和身体的方向与右蹬脚的方向相同。弓步时两脚跟的横向距离同"揽雀尾"。

15. 转身左蹬脚

练习方法：左腿屈膝向后坐，身体的中心在左腿，上半身向左旋转，右脚尖内扣，由握拳变为手掌，由上向左右划弧分开平举，首先朝前；眼睛看向左手。身体的中心转移到右腿，左脚放在右脚的内侧，脚尖点地；两只手由外圈划弧，合抱于胸前，左手在外侧，右手在里侧，手心朝后；眼睛看向左方。两臂左右划弧分开平举，肘部微屈，手心朝外；左腿屈膝抬起，左脚向前方蹬出，眼睛看向左手。

动作要领：与"右蹬脚"式相同，只有左、右方向正好相反。左蹬脚的方向与右蹬脚成180°。

16. *左下势独立*

练习方法：

（1）左腿收回平屈，上半身向右侧旋转，右手掌变成勾手，左手掌向下和右侧划弧向下落，直到右肩的前方，掌心斜向后，眼睛看向右手。

（2）右腿慢慢屈膝向下蹲，左腿由内侧向左后方伸出，成左仆步：左手的掌心向外向下落，向左下顺着左腿内侧向前穿出；眼睛直视左手。

（3）身体的重心向前移动，左脚的脚后跟为轴，脚尖向外撇，左腿前弓，右腿后蹬，右脚尖内扣，上半身向左稍微旋转同时向前起身；同时左侧的手臂向前伸展，掌心朝向右侧，右勾手下落，勾尖向后方，眼睛直视左手。

（4）左腿向上提起平屈，形成左独立式；右勾手变成手掌，从后侧的下方沿着右腿的外侧向前，呈弧形摆出，屈臂立于右腿上方，手肘和膝盖是相对的姿势，手心朝向左侧；左手放在左胯的旁边，手心朝下，指尖指向前方，眼睛直视右手。

动作要领：做仆步动作前，左脚放在右脚的里侧，脚前掌点不点地都可。仆步动作时，左脚尖和右脚跟要在一条中轴线上，穿掌时，上半身向前倾，不能使臀部后凸。右脚屈膝提起的动作和右手的动作一致，膝肘相对。

17. *右下势独立*

练习方法：

（1）右脚下落于左脚前，脚掌点地，以左脚前掌为轴，脚跟转动，身体也向着左侧转动：左手向后平举变成勾手，右掌向右侧划弧线，直到放在左肩前，掌心斜向后：眼直视左手。

（2）同"左下势独立"（2）相同，只是左、右相反。

（3）同"左下势独立"（3）相同，只是左、右相反。

（4）同"左下势独立"（4）相同，只是左、右相反。

动作要领：右脚尖点地之后就要稍微提起来，然后再向下仆步，其他均与"左下势独立"相同，只有左、右相反。

18. 左右穿梭

练习方法：

（1）将身体向左侧旋转，左腿向前放在地，脚尖外撇，右脚跟离开地面，两腿屈膝成半坐盘式；同时两手在左胸前呈抱球状，左手在上右手在下；然后右脚放在左脚里侧，脚尖点地；眼睛看着左前臂。

（2）身体向右旋转，右脚向右前方迈出，屈膝弓腿成右弓步；右手从脸的前方向上举的同时翻掌停在右额前，掌心成斜向下方向；左手向左下方落下，再经身体前方向前推出，高度和鼻尖持平，掌心朝前；眼睛看向左手。

（3）身体重心向后移动，右脚尖稍向外撇，然后身体重心再移到右腿，左脚跟进，停于手内侧，脚尖点地；同时两手在胸前形成抱球的姿势；眼睛看向右前臂。

（4）与（2）动作方法相同，只有左、右相反。

动作要领：手臂推出后，上体不能向前俯，手向上举的时候，不能引肩上耸。前推时，上举的手和前推的手的速度和其他动作协调一致。弓步时，两脚跟的横向距离最好为30厘米。

19. 海底针

练习方法：右脚向前移动，身体重心放到右腿，右脚稍向前移；右手下落经过身体前再向后、向上提伸直到肩上耳旁，左手下落至体前侧。左脚尖点地变成虚点；同时身体向右旋转；右手再随身体左转，由右耳旁斜向前下方插出，掌心向左，指尖斜向下；同时，左手向前、向下划弧放在左胯旁，掌心朝下，指尖朝前；眼睛看向前下方。

动作要领：身体旋转的顺序是先左后右，上半身不能太前倾，避免低头和臀部外凸，左腿要微屈。

20. 闪通臂

练习方法：上半身向右旋转，左脚往回稍微收一些，同时两手向上提，眼睛看向前方。左脚向前迈出，脚跟着地；左、右两手分别向左前、右后分开；左掌心朝前，右掌心朝外；眼睛看向前方。身体的重心向前移动，左腿屈膝成左弓步；同时右手屈臂向上举，直到右额前上方停下，掌心翻转成斜向上的方向，拇指朝下；左手由胸前随重心向前推出，高度与鼻尖相同，掌心向前；眼睛看向左手。

动作要领：上半身保持平直，松腰、松胯，左臂不要伸直，背部肌肉也要放松伸展，推掌与弓腿动作要协调一致。

21. 转身搬拦锤

练习方法：上半身向后坐，将身体重心转移到右腿上，左脚尖里扣；然后身体向右后方旋转，重心再移到左腿上；同时，右手身体的转动向右、向下经腹前划弧至左肋旁，同时这个过程中手掌要变拳，拳心向下；左掌上举于头前，掌心斜向上，眼睛看向前方。上半身向右旋转，右拳经胸前向前翻转撇出，拳心向上；左手放在左胯旁，掌心向下，指尖向前；同时右脚收回后立即向前迈出，脚尖外撇；眼睛看向右拳。身体重心转移到右腿上，左腿向前迈出一步；左手向上经左侧向前上划弧拦出，掌心向前上方；同时右拳向右划弧收到右腰旁，拳心向上；眼睛看向左手。左腿前弓成左弓步，同时右拳向前打出，拳眼向上，高度和胸部相同，左手附于右前臂里侧；眼睛看向右拳。

动作要领：握右拳要放松，前臂先慢慢内旋后收回，再外旋放在右腰旁，拳心向上。拳头向前打出时，右臂随拳略向前引，沉肩垂肘，右臂微屈。

22. 如封似闭

练习方法：左手从右腕的下方向前伸出，右拳变掌，两手掌心翻转向上并缓慢分开回收；同时身体向后坐，左脚尖跷起，身体重心转移到右腿；眼睛看向前方。两手在胸前翻掌，向下经腹部的前方再向上、向前推出；腕部与肩部的高度持平，掌心向前；同时左腿前弓成左弓步；眼睛看向前方。

动作要领：身体向后坐的时候，小心身体后仰，臀部不可凸出，两条手臂回收时，肩、肘部略向外松开，不能笔直撤回，两手宽度不能超过两肩的宽度。

23. 十字手

练习方法：屈膝身体向后坐，身体重心转移到右腿，左脚尖里扣，向右旋转；右手随着转体动作向右平摆划弧，与左手成两臂侧平举，掌心朝前，肘部微屈；同时右脚尖跟随身体旋转的方向稍向外撇，成右侧弓步；眼睛看向右手。身体重心慢慢转移到左腿，右脚尖里扣，然后向左收回，两脚距离与肩的宽度是一样的，两腿逐渐蹬直，成开立步；同时两手向下经腹前向上划弧交叉合抱于胸前，两臂撑圆，手腕的高度和肩膀持平，右手在外，成十字手，两只手的掌心都向后；眼睛看向前方。

动作要领：两手分开和合抱时，上半身不能向前倾。站立时的姿势要自然正直，头部微微向上顶，下颌稍向后收。两臂环抱时须圆满舒适，沉肩垂肘。

24. 收势

练习方法：两手掌向外翻，掌心朝着下方，两只手臂慢慢下落，放在腹前；眼睛看向前方。两腿蹬直，同时两只手掌下落，直到大腿侧，然后收左脚成并步直立；眼睛看向前方。

动作要领：两手左、右分开下落时，全身保持放松的状态，同时缓慢下沉气息。呼吸平稳后，把左脚收到右脚旁，结束，休息。

二、五禽戏

（一）五禽戏基本手型

虎爪：五指张开，虎口撑圆，第一、二指关节用力弯曲内扣（图 4-4-1）。

图 4-4-1　虎爪

鹿角：大拇指伸直向外张，食指、小指伸直，中指、无名指弯曲内扣（图 4-4-2）。

图 4-4-2　鹿角

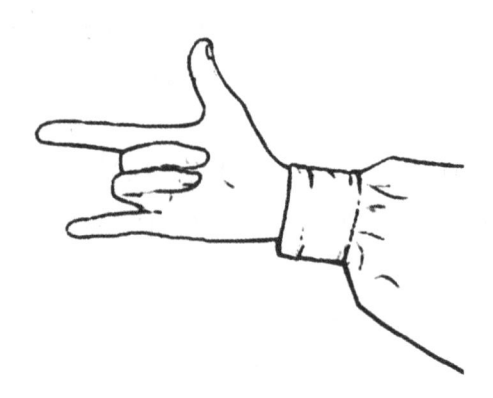

熊掌：拇指压在食指指端上，其余四指并拢弯曲，虎口撑圆（图 4-4-3）。

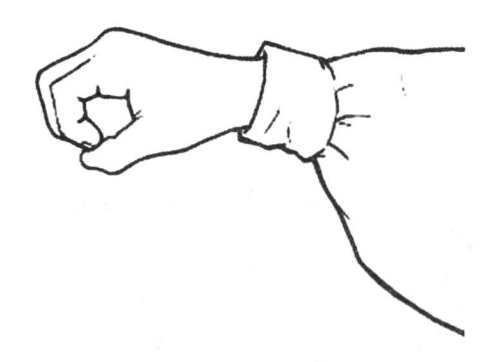

图 4-4-3　熊掌

猿钩：五指指腹捏拢，屈腕（图 4-4-4）。

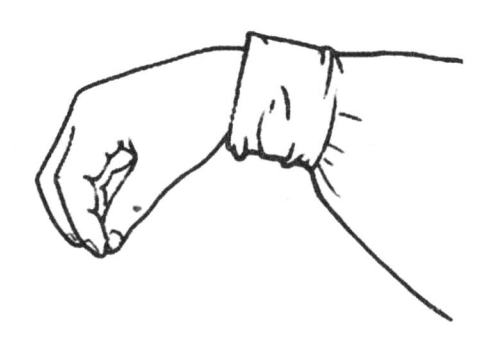

图 4-4-4　猿钩

鸟翅：五指伸直，拇指、食指、小指向上翘起，无名指、中指并拢向下（图4-4-5）。

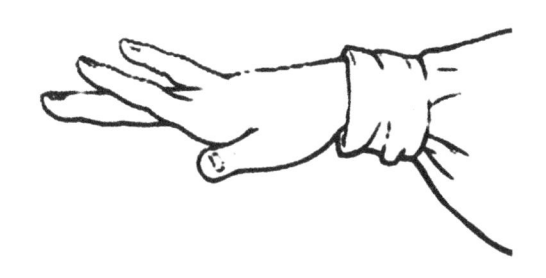

图 4-4-5　鸟翅

握固：拇指抵住无名指根节内侧，其余四指屈拢收于掌心。

（二）技术教学

1. 虎戏

虎戏的动作可以增强人体腰部肌肉群的力量以及一定的灵活性，对于久坐伤腰的人群有奇效，很多司机患有一系列的腰椎病症，例如腰肌劳损、习惯性腰扭伤，通过练习虎戏，可以让脊柱更好地伸展折叠，真正起到调理阴阳、流通经络的作用。

（1）虎举

①双手掌心朝下，十指全部撑开，各不相连，再分别弯曲成模仿虎爪的样式。

②双手向外旋转，小手指最先弯曲，其他手指按照无名指、中指、食指、大拇指的顺序逐渐弯曲，最后成握拳状，双拳提至肩前，再将拳头撑开，十指伸出，高举到头顶做出虎爪状。

③双手再次握拳，并将拳心相对。

④双拳从上到下移动，直至停留在肩部前上方为止，再变为掌逐渐下沉。

⑤以上动作套路重复三遍。

（2）虎扑

①双手半握拳，拳中心为中空，身体同时提到肩部前上方。

②双手开始划弧，随后做出虎爪，伴随上身向前倾斜。

③双腿屈膝、降低重心、缓慢下蹲，双手划弧至膝盖处。然后伸膝、送髋、

挺腹、后仰。再将半握的双拳上提到胸部旁侧。

④左腿屈膝提起，两手上举。左脚向前迈出一步，脚跟着地，右腿屈膝下蹲，成左虚步。上身微微向前倾斜，拳变为"虎爪"并扑至膝前，掌心向下。随后起身，开步站立。

⑤再按照以上四组以相反方向做一次。

2. 鹿戏

我国传统医学观念认为，肾为先天之本，是脏腑中最为重要的器官之一，而"腰为肾之府"，鹿戏对于强腰健肾有很大功效，能增强腰部竖脊肌，下部背阔肌的力量，还能对颈肩病症有防治作用，可谓益处良多。

（1）鹿抵

①双腿略微弯曲，大腿与小腿间的夹角约为120°，将整个身体的重心调至右侧大腿，左脚向左前方跨出一步，但并不用全脚掌着地，而是脚跟着地。同时，握空拳并右转，双拳摆向身体右侧与肩部高度相平。

②重心前移，左腿弯曲，左脚脚尖向外张，右腿伸直，身体左转，左、右手掌均为"鹿角"，向上、向左、向后画弧。左臂弯曲外展平伸，肘抵靠左腰侧；右臂举至头前，向左后方伸抵，掌心向外，指尖朝后；目视右脚跟。随后，身体右转，左脚收回，开步站立；同时两手向上、向右、向下画弧，两掌握空拳下落于体前；目视前下方。

③再按照反方向做一次，最后将整体动作再做一遍即可。

（2）鹿奔

①左脚前跨一大步，成左弓步，同时握空拳，向上、向前划弧。

②重心后移，左腿伸直，右腿屈膝。低头、弓背，双臂内旋、两掌前伸、拳变"鹿角"。

③重心前移并起身，成左弓步，双臂外旋并变空拳，高与肩平。

④开步直立，拳变掌，双手下沉至身体两侧。

⑤再按照反方向做一次。

3. 熊戏

熊戏能够运用腰、腹摇晃增强人体胃肠道消化、蠕动能力，可以加强脾、胃的运化功能，防治消化不良、腹胀纳呆、便秘腹泻等症。

而且，还能增强髋关节，以及髋关节相关肌肉、骨骼的力量与韧性，增强免疫力，提高平衡性能力。

（1）熊运

①握空拳成"熊掌"，垂于下腹。

②上身顺时针摇晃，拳随着身体摇晃的频率而沿右肋部、上腹部、左肋部、下腹部画圆，双目紧跟动作变化而变化。

③再做一次以上动作，然后再反方向将以上动作做一遍。

（2）熊晃

①重心逐渐向右移动，并向上提髋，左脚在提髋过程中顺势离地，离地后保持平衡弯曲左膝。双手握空拳成"熊掌"。

②把重心从右侧转移回来，左脚在前方踏实，随后向右转，左臂内旋前靠，左拳到左膝上方，拳心朝左。右拳心朝后。

③再向左转，上身缓慢向后坐，把重心顺势向后移，右腿弯曲，拧腰晃肩，手臂则在身体晃动的影响下前后摆动。

④身体右转，左腿屈膝，同时，左臂内旋，左拳摆到左膝前上方，右掌摆至体后。

⑤再按照相反方向重复上述动作。

4. 猿戏

猿猴一直是最机警、最灵活的动物之一，常做猿戏，能使老年人改善大脑皮层血液流通，能够活血，还能加强神经、肌肉之间的连接，使思维更加敏捷，身体也更加灵活。

（1）猿提

①双手手指伸直分开，屈腕撮拢捏紧成"猿钩"放在胸前。

②耸肩、收腹、提肛，脚跟也跟着向上提起，头向左转。

③头转回来，朝向正前方，再沉肩、松腹、落肛、脚跟着地，将"猿钩"变回掌。

④两掌回落于身体两侧。

⑤重复上述动作，方向相反。

（2）猿摘

①左脚撤步，撤步后不需踏实，只需左脚脚尖点地即可，右腿弯曲，把身体的重心放在右腿处。左臂屈肘，左掌成"猿钩"，并将左掌放于腰部左侧，右掌向右前方自然摆起，掌心向下。

②身体重心后移；左脚踏实后下蹲，右脚贴至左脚成右丁步，同时，右掌经腹部前左上方画弧，当划到右上方时，再转头目视右前上方。

③右掌向内旋转，右手掌心向下，沿着身体两侧按至左髋。右脚向右前方迈出一大步，左腿蹬伸，身体重心前移。右腿伸直，左脚脚尖点地，右掌经体前向右上方画弧，举至右上侧变"猿钩"，稍高于肩。左掌向前、向上伸举，屈腕撮钩，成采摘势；目视左掌。

④身体重心后移，左掌由"猿钩"变为"握固"，右手变掌，落于体前。左腿下蹲，右脚收至左脚内侧成右丁步。左臂屈肘收至左耳旁成托桃状。右掌向左画弧至左肘下捧托。

⑤反方向重复上述动作。

5.鸟戏

鸟戏对于人体的心肺功能有良好的保健作用，能够有效提高肺活量，以及心肌摄氧量，还可以改变胸腔容积、按摩心肺，使机体代谢、血液流通保持在健康的状态中。

（1）鸟伸

①下蹲，双掌叠于腹部前方。

②掌心向下，手指冲前，举到头顶，并伴随提肩、缩颈等动作，还原。

③下蹲。重心右移，左腿伸直向后抬起，两掌张开成"鸟翅"。

④反方向重复上述动作。

（2）鸟飞

①右腿独立，左腿提起，两掌呈展翅状稍高于肩。

②左脚下落脚尖着地，两掌相合。

③右腿独立，左腿提起，两掌举至头顶上方，掌背相对。

④左脚下落全脚掌着地，两掌相合。

⑤反方向重复上述动作。

第五章　民族传统体育的创新发展与展望

本章为民族传统体育的创新发展与展望，主要通过三个方面进行介绍，分别是民族传统体育与各地旅游资源的创新融合、新媒体时代民族传统体育传承创新、民族传统体育的规范化建设与未来展望。

第一节　民族传统体育与各地旅游资源的创新融合

自党的十八大召开以后，习近平总书记多次在重要场合提出了中华优秀传统文化的重要意义，这也为我国的民族传统文化理论研究和实践的探索提供了依据，开启了新篇章。在当前的社会状况下，民族传统体育既遇到了发展的挑战，又看到了发展的机遇。我们要科学发展民族传统体育，要在创新的理念下保持民族传统体育的历史价值、社会价值和文化价值等，找出民族传统体育的新的发展方式和道路，有效结合民族传统体育和文旅产业，这也是具有时代意义的发展方式。因为体育产业和文旅产业具有十分密切的联系，产业关联性很强，这就决定了两者的产业融合倾向十分强大。在民族体育和文旅产业融合发展的背景下，积极寻求发展的理论基础和驱动机制，找出这种融合的发展方式会面临哪些问题、有什么样的解决方法和措施，具有十分重大的意义。

一、民族传统体育与文化旅游产业融合发展的必要性

（一）有利于文化旅游产业的转型升级

旅游的内涵和价值依靠文化来体现，民族传统体育和文旅产业的融合发展既可以发挥出民族传统体育的特色文化资源的作用，又能够让旅游产业更加富有内

涵和价值体现，达到两种形式的内涵统一。少数民族生活在不同的地区，比较分散，不同的少数民族可以发挥自己民族体育的特色，展现当地的文化魅力，将本地的文化旅游形式丰富起来，形成区域文化特征，让本土的文化旅游竞争力得到加强，更加便于文化旅游产业的转型升级。

（二）有利于加快少数民族地区文化产业的繁荣发展

随着国力的逐渐强盛，经济和政治以及文化都得到了快速发展，人们的生活水平得到提高，追求更加丰富的生活方式，因此旅游已经成为当今社会人们感受生活的重要方式，同时旅游也成为社会宣传和发展文化的重要载体。我国的少数民族数量众多，是一个多民族国家，每一个少数民族都有自己独特的传统文化。民族传统体育与文化旅游产业的融合发展在当地旅游，拉动经济，转变发展方式的同时，也能丰富少数民族地区的传统文化内涵，形成当地的地域文化特色，提高其发展的核心竞争力，也使得地区的文化旅游产业健康可持续发展。

（三）有利于提升少数民族地区及城市形象

当今的文化传播形式中旅游可以说算是相当重要的载体了，因为旅游产业中所承载的文化内涵和资源能够通过旅游得到发展和传播，并且旅游文化和资源的创新发展也是对优秀传统文化的保护和弘扬。我国是一个有着悠久历史的国家，国土面积辽阔，旅游资源丰富，不同的旅游资源在向游客展示历史文化资源的同时也是对当地特色文化的宣传，通过旅游让更多的人了解历史和地域特色文化，这也包括了民族传统体育，不断创新发展着的少数民族文化传播到全世界，树立起我国少数民族地区的良好形象。

（四）有利于打造特色化的民族旅游产业品牌

如果将民族体育文化和区域的旅游产业紧密融合，那么就有利于当地的特色文化旅游产业形成品牌优势，利用特色文化旅游的品牌达到更好的产业效果。民族地域文化得到大力发展和宣传就会促进民族旅游业的全面发展，让民族文化得到创新，让其内涵更加丰富。比如说，我国的西部地区虽然没有东部沿海地区的区位优势，但是当地的民族特色资源十分丰富，如果要发展西部地区的特色旅游产业以带动经济发展，首先就要将被破坏的生态环境进行修复，这样才能更好地发挥地域优势，吸引更多的游客前来旅游参观，增强当地的经济活力。这种发展模式也能够达到弘扬西部民族体育精神的作用，通过旅游产业的途径让西部的体育文化得到传播。

（五）有利于维护优良的民族区域生态环境

区域的生态环境如果想要得到发展，首先就要维护好当地的生态环境。虽然近年来，一些地区的民族旅游产业得到了发展，但是这种发展并不可持续，这种发展的基础仍然是不够完善的生态环境，必须将区域的生态环境真正地保护起来，才能让当地的旅游产业健康发展，才能让游客带着健康的旅游习惯进行旅游参观，否则旅游产业本身就会破坏当地的生态环境，甚至造成难以修复的后果。这种情况下，如果能够将当地的旅游产业和民族体育文化融合起来，并且做到有序发展，那么旅游的秩序将会得到改善，即使是旅游的旺季或者节假日时期，景区也能承受游客数量方面更大的压力。可以举办新颖的民族体育赛事来发展山地步行或者一些短途的观光活动，让发展的方式更加可持续。

二、民族传统体育与旅游产业融合发展的基本实施思路

（一）重构民族旅游产业结构

民族旅游产业要想有长远的发展，就必须将原有的落后发展模式改变，让旅游产业呈现出自己的民族文化特色，充实产业的结构和模式。通过这种产业的重构，才能极大地发挥民族旅游产业的优势和吸引力，产业升级，形成特色化的旅游产业运作模式。当前，很多地区都在尝试重构民族旅游产业，并且做出了一定的成绩，有的地区将民族旅游产业和运动、分享、体验等因素融合起来，并适当开发当地的特色旅游产品进行全面的推广，让当地的旅游产业链条更加丰富。民族旅游产业如果得到快速发展，产业效益得到提升，就会带动当地的经济不断发展。所以，如果民族地区为了得到更好的经济效益，使当地经济和旅游产业可持续发展，就要加快旅游产业的转型升级，将当地的民族旅游产业和体育旅游模式融合起来，带动当地的经济发展。

（二）优化利用民族地区的产业资源

无论是民族旅游产业还是民族体育产业，这两种产业都是地区经济发展的重

要资源，这两种产业本质上有互通的特性，所以完全可以利用两种产业的互通性将两者融合起来，形成新的产业链条，重构当地的旅游经济结构，利用优势的体育产业资源促进民族旅游产业的转型升级。一般的民族旅游资源中主要包括人文习俗和自然景物资源，还包括各种特色的民族传统节庆活动。民族体育产业资源包含的资源类型有民族体育项目、体育表演和体育竞赛等资源活动，这两种资源类型可以恰当结合起来，并且政府辅助增加一些产业的基础设施（包括软件设施和硬件设施）来支撑两种产业的结合发展。

大部分民族区域都会有自己的特色民族旅游资源和民族体育资源，两种资源完全可以实现资源产业的优势互补，并且这两种产业资源不仅可以进行相互的促进，还可以将更多的产业融合起来，实现多产业的联动发展。各个民族在不断转变旅游产业和体育产业发展模式的基础上要加快更新换代，跟随时代的步伐不断地将旅游产业进行充实，让这两种产业的发展拥有足够的空间。

（三）延伸民族地区的旅游产业市场

只有将产业的市场进行延伸扩大才能促进当地的经济发展，对于民族地区的旅游产业也是这样，要实现旅游市场的发展目标全面激活，就要不断采取措施扩大当地旅游产业的市场。从旅游市场的全面延伸来看，完全可以采取旅游产业和当地的体育产业融合方式来做，这样也可以将旅游市场的规模扩大。

随着不断的产业转型升级，很多地区的产业发展已经认识到附加性民族体育产业的重要作用，并且已经采取措施重视起来。各地区都利用产业的附加功能来增加旅游产业的规模，促使当地的旅游发展模式转变。比如说很多地区都重视起全运会、奥运会与冬运会的各类赛事活动范围，让旅游资源来推动民族体育赛事发展。

三、民族传统体育与文化旅游产业融合发展存在的问题

（一）缺乏创意

首先，一些地区也紧跟发展的潮流，将当地的一些民族体育产业和旅游产业结合起来，但是其本质的发展模式并没有得到创新升级，只是机械地将两者捆绑在一起，没有发展新意，导致的结果仍然是没有吸引来游客，达不到产业的经济

效益。虽然这些地区的民族体育项目融入了旅游业中，但是项目的类型单一，并且方式也没有创新，十分单调，并不能真正发挥产业融合的优势，不能激发文化旅游的内涵，让游客在体验的时候没有感受到当地文化的魅力。所以这种产业的融合虽然刚开始可能吸引一批好奇的游客前来参观，但是长此以往没有真正的文化旅游产业吸引力，游客只会变少，难以产生经济效益。

其次，很多地区的两种产业融合发展模式有所偏离，虽然是将民族传统体育产业和民族旅游产业融合，两者应该属于相同的地位，但是民族体育产业往往只能起到辅助的作用，并且没有显出民族的特色。大部分地区的产业融合后也并没有形成品牌效应，知名度较低，吸引不来大量的游客，旅游产业的发展仍然没有带来什么影响力。比如说广西地区的赛龙舟，宁夏回族自治区的木球、杨氏拳等，这些传统的体育项目内容十分丰富，并且拥有很高的观赏价值，形式也多元，但是由于项目本身的特点，难度较高，并不适用于游客的短暂学习，并不能完全掌握体育运动的要领技能，所以体验的乐趣也大打折扣。

最后，由于一些民族体育项目的特点，需要耗费大量的资金才能发展起来，并且地区的宣传工作不到位，形不成品牌效应，也做不到创新发展，这在发展上也是一种资源的浪费，不能很好地促进民族传统体育和文化旅游产业的融合。

（二）融合机制不完善

首先，一般少数民族的传统体育项目都是由本民族原始的生产生活演变而来，运动项目处处都体现了当地民族的生产生活方式，所以这些运动不可避免地带有原始的运动形式，在现代看起来就比较落后了，再加上地区没有给予这些传统体育项目有效的管理机制，因此很多项目是无法真正融入文化旅游产业的。

其次，民族传统体育项目的文化内涵和现代文化旅游之间虽然有互通的地方，但是由于地区和民族之间的文化差异，民族传统体育项目和文化旅游产业之间的文化价值差异就决定了两者之间的融合是有一定阻碍的，需要消除这种价值观的阻碍。

最后，一些民族传统体育项目具有被淘汰的风险。因为一些体育项目由于本身的体育特征和现代化的生产生活不能很好地融合，再加上这些民族传统体育项目虽然可以融入文化旅游产业，但是由于形式单一，内容没有吸引力，游客不能很好地参与其中，找不到体育运动的乐趣，体验感较差，所以这些项目得不到发展甚至面临淘汰。同时在民族旅游产业宣传的环节缺乏有效的宣传形式，也得不到专业机构和人才的推广，大部分游客并不能真正了解体育项目的内涵，也就放弃了参与体验，这种体育项目就更容易被淘汰。

（三）基础设施不完善

民族传统体育项目和文化旅游产业的融合可以得到巨大的经济效益，因此国家和政府也针对这两个产业的融合投入了大量资金，加强基础设施的建设。但是很多民族传统体育项目的发源地都十分偏僻、交通不便利，当地的基础设施十分落后，国家和政府也没有办法将基础设施全部投入到这些地区。并且偏僻的少数民族地区除了交通方面的问题，在住宿、餐饮等方面也比较落后，没有相应的完善配套设施，这也降低了对游客的吸引力，阻碍了当地的发展。

（四）宣传力度较弱

少数民族对当地的旅游资源宣传力度薄弱。由于一部分少数民族地区都处在相对比较落后的区域，当前主要的传媒方式还是地方性的电视台和网络，并且网络上的宣传信息也都是以网页的发布方式为主，关注的群体主要是本地的居民。现代社会更快的传媒方式已经变成了微博、抖音和直播等，这些平台对本地的体育项目资源宣传很少，没有很好地利用这些新媒体。再加上当地的电视媒体宣传使用的都是本民族的语言，语言间的不通畅很难让更多的游客了解当地的特色文化，即使有翻译，但是翻译语言也很难传达文化的内涵，游客不能真正理解，宣传的效果自然比较弱。

（五）专业人才缺位

体育旅游相对于现代旅游来说属于一种较为新颖的产业方式，并且这种旅游产业是相对独立的，需要专门的人才来管理开发。民族传统体育旅游的开发和运作人才既需要掌握体育专业的知识，也需要掌握旅游专业的知识，这样多方面的人才十分缺乏。我国的高校人才培养中，体育和旅游是分开培养的，并没有两者融合的专业教育。复合型人才缺乏，也是产业融合发展的阻碍。

（六）体育旅游产品难以满足市场需要

我国民族众多，少数民族拥有的传统体育项目也是多样化，但是也只有少部分的民族传统体育被开发成了旅游资源，大部分体育项目并没有被开发，即使有些体育项目产品被开发出来也都发展得不成熟。一些具有悠久历史的传统体育没有形成强大的旅游体系，并且产品单一，完整性不足，这样也就造成不能和旅游产业的有效融合。

（七）大众缺乏对民族传统体育旅游的正确认识

虽然在近些年来，社会各界对于地域、生态和民族等词汇进行了很多关注，这也可以看出特定地域的特定文化有很好的研究价值，其本身的经济价值也不低。但是一切的关注也只是停留在表面，社会各界进行了大量的理论和文化研究，却在实践方面很少付出行动。追其根本，还是对民族传统体育和旅游事业的融合认识比较浅显，没有深入了解内涵和真正的价值。并且在政府的扶持方面没有得到足够的重视，经济和文化发展的重心没有扩展到这些方面来，忽略了其经济效益和社会效益，最终只有被搁置的命运。认识的缺乏使得民族传统体育旅游项目的开发一直停滞不前，整体的发展也比较低效。

四、民族传统体育与文化旅游产业融合发展的路径建议

（一）加强传统文化的传承与保护，走可持续发展道路

首先，文化是旅游发展的核心，也可以说是民族传统体育和旅游产业融合的关键。我国的传统文化十分深厚，但是在民族传统体育文化上没有给予足够的重视，要通过民族传统文化和旅游文化的融合发展重视起来，进行传承和保护。在产业经济发展的同时，也不要忽略对传统文化的保护，在发展旅游产业，促进经济发展的同时也要传承保护好传统文化的内涵，走可持续发展的道路，更好地促进民族传统体育文化与文化旅游产业的融合。

其次，民族传统体育项目中蕴涵丰富的传统体育精神，要挖掘出这种体育精神，并和本土的文化进行融合。民族传统体育项目属于少数民族的财富，可以利用少数民族的特色文化开发出具有民族传统体育项目特色的文化村和景区。比如说可以建立民族传统体育项目游览区，民族传统体育文化馆，少数民族文化展览区等。在发展特色的同时也要加大宣传力度，让更多的游客知道、了解并且深入本地的文化，提高游客的兴趣，带来更多的经济效益。

(二)增强民族传统体育的创意发展

旅游产业要想真正得到发展就要以游客的需求为核心进行创新,这样才能提高其竞争力。现代社会创新发展离不开科技进步,科技和创新相辅相成,不可分割。科学技术的进步可以促进产业创新的发展,同时创新的产业反过来也可以推动科技的进步。当下民族传统体育和文化旅游产业的融合已经是发展的明确路径,但是由于融合模式十分普通,没有创新性,并不能满足游客的各种需求,所以依托科技的创新发展已经迫在眉睫。

科学技术的进步推动了传媒方式的革新,现代社会的电视、广播和报纸早已成为落后的传媒方式,人们更多的是使用微信、微博和抖音等新兴的传媒方式来进行信息的传播。新媒体技术的发展让这些平台和传媒方式成为主流的媒体。在民族传统体育与文化旅游的融合道路上,要与时俱进,采用新媒体的方式进行文化和旅游信息的传播,采用数字化的手段促进旅游文化的发展。比如说,可以采取现代最热门的方式——直播来介绍和宣传民族传统的体育比赛项目;录制微电影和视频、动画等展示自己的体育文化。民族传统体育旅游产业要大力提高自己的知名度,形成品牌效应,带动旅游业的发展。

(三)加强政府职能,优化融合发展机制

首先,根据国家体育总局和国家民委颁发的《关于进一步加强少数民族传统体育工作的指导意见》,要大力发展少数民族传统体育产业,并在之后发布的《国务院关于加快发展旅游业的意见》中提出要将文化、体育、农业、工业等产业和旅游业融合发展,可以看出国家对旅游产业的产业融合大力支持。

少数民族地区的政府应将当地的民族传统体育和文化旅游产业的融合事业重视起来,打破不同地域间的壁垒,将不同类型的传统体育进行联合,在政策上、技术上和人才等多个发展的因素上进行资源共享,整合各区域的民族资源,降低投入成本,扩大区域联合发展效应,将不同区域和类型的民族传统体育和文化旅游产业的优势整合,根据区域和资源的特点制定适合发展的政策,促进民族传统体育与文化旅游产业相融合。另外在法律法规方面,尽快出台相应的保护促进产业融合的制度和法律,规范和引导产业的健康发展。

其次,加快政府职能的转变,政府应该由管理型政府向服务型政府转变,在

民族传统体育与文化旅游产业的融合发展过程中发挥好政府的服务职能，高效高质量地解决产业融合的问题，从宏观上调控而不是微观上管理。

最后，优化产业融合发展机制。这样做可以在丰富民族传统体育内涵的同时促进产业的转型升级，加快促进民族传统体育的发展，增强其产业的核心竞争力，有助于维护城市的形象。通过政府扶持搭建多种产业融合的平台，根据民族传统体育与文化旅游产业融合的相关事宜召开专家研讨会，听取各种行业专家和民众的意见，并根据意见进行论证，更好地让民族传统体育与文化旅游产业融合。

（四）加强资金投入，完善基础设施建设

第一，在资金上加大投入力度，利用充足的资金修建民族传统体育项目的训练基地，加强基础设施的建设，让民族传统体育和文化旅游产业的融合有一个可以发展的场地。对于传统体育项目可能不符合现代体育旅游业的观念和形式，为了更加贴合大众，可以聘请一些专业的体育人士制定新的比赛规则和方式，并向大众进行广泛宣传讲解，让更多的游客可以深入了解当地传统民族体育旅游文化的内涵。

第二，交通基础设施建设加快行程。针对落后偏远地区的少数民族地区，要在铁路、公路等交通基础设施建设上加大投入力度，完善交通运输系统，可以根据旅游景区的承载力开设旅游专线，并将交通旅游的信息利用互联网的大数据平台向游客公布，游客的满意度提升了才能吸引更多游客前来参观。

第三，对旅游产业的基础设施建设加大投入力度。在旅游重要的组成因素方面，比如餐饮、住宿等服务行业完善其基础设施建设，提升当地的酒店、餐厅等的管理水平和服务水平，提升服务的质量，从而提高本地旅游产业的接待能力和水平。少数民族地区的旅游产业发展一定要抓好本身的文化特色，走特色旅游产业的发展之路，提高本地旅游产业的知名度，打造旅游品牌。善于利用互联网平台推广的优势，从信息和服务等全方位提升游客的满意度。

（五）开拓民族传统体育旅游的新思路

少数民族地区的传统体育是当地的独有特色，这些宝贵的民族文化资源值得大力去开发，并且这些少数民族地区的传统体育文化承载能力也十分强，不仅可以强身健体，也可以作为休闲娱乐的旅游资源，一定要加大开发的力度。但是在开发的过程中，开发的方式和管理的模式又十分关键，如果不能科学开发，使用激进的方法进行开发管理，那么不仅不能发挥其旅游特色的优势，还会对当地的旅游资源造成一定的破坏，这种损失甚至是不可挽回的。所以，要发展民族传统体育旅游首要是做好资源的保护，创新发展思维，在开发和管理旅游资源的同时注意做好文化的传承和保护工作。同时还要注意当今市场经济为民族传统体育旅游带来的挑战，当今时代是一个互联网发展飞速并且越来越成熟的时代，游客的旅游需求越来越多元化，这就需要借助现代化的技术手段来宣传和保护民族传统体育旅游。

（六）对优质民族传统旅游资源进行深度开发

旅游行业是一种传统的行业，发展至今需要新的血液注入才能焕发新的活力。民族传统体育旅游是传统旅游资源和体育资源的融合共生，这种新的发展模式才能够带动旅游行业的联动发展，实现产业的共赢。我国的旅游资源十分丰富，不管是高山峡谷还是极速湍流等都可以和民族传统体育融合，这样能够提高旅游资源的吸引力，开发新的旅游项目，比如说探险、户外运动等，这些都是迎合当代年轻人的旅游项目，能在年轻人之间快速流行起来。民族传统体育和旅游资源的相互融合、相互促进带来了当地经济和文化的大发展。

第二节 新媒体时代民族传统体育传承创新

一、新媒体的含义

（一）新媒体基本介绍

新媒体是当下发展十分迅速的行业，依托于互联网不断发展壮大。新媒体正不断地渗透进人们的生活、学习和工作，涉及的领域方方面面，具有受众广、发展快、影响深远的特点，给人们的生活带来巨大的变革。科技革命的发展和信息技术的进步让新媒体的发展更加迅速，并且衍生出一个繁杂且庞大的虚拟空间，推动社会进步的同时也带来了一些问题。我国的新媒体发展并没有循规蹈矩，在善于学习吸收国外先进的理念和技术的同时结合本国的实际，已发展出具有本国特色的新媒体发展模式，推动了时代的进步。

我国的新媒体发展具有以下特点：

（1）互联网技术的革新和发展使得用户的数量不断攀升，互联网的普及率得到很大提高。

（2）移动网络的发展使得新媒体市场的应用越来越丰富，极大地便利了人们的生活。新媒体在不断改变生活方式的同时也呈现出社会化的态势。

（3）新媒体的发展越来越人性化，在经济和社会等方面影响着人们的生活和国家的发展。

（4）新媒体产业链日趋成熟，但不可避免地带来了一定的风险和挑战。新媒体的发展冲击着社会的秩序，相关的制度和法规不能跟上新媒体的发展步伐则会产生越来越多的社会问题。

（二）新媒体的显著特征和优势功能

新媒体的特点就是不断地创新和改变，新媒体吸取了传统媒体的优良内容，摒弃了其落后的形式和观念，通过互联网技术和数字化的推动不断演化，更新传播机制。传统媒体中，只有媒体行业是信息的生产者和传播者，用户只是消费者，但是在新媒体中，每个用户都有可能是信息的生产者和消费者。"自媒体"和网络中心化就应运而生。在"自媒体"时代，任何一个人都能够制造信息，信息的制造也就不再专业化。信息的平台设置更加自由，人们可以根据需求自由选择媒介。在新媒体的发展中，各种竞争十分激烈但又能达到相互促进的效果，每个人都有可能既是开拓者也是推销者，担任了多重身份。

当今的科学技术发展十分迅速，引发了社会的变革，科技的进步和社会的发展相互促进，关系紧密。新媒体时代，人们的沟通方式也发生了形式和结构上的变化，各种新兴技术的支撑包括智能便携终端、互联网、云计算等让公众获取信息资源的方式更加便捷，这种信息获取方式的变革引发了社会关系的维系和经营方式的不断革新，变得更加多样化，从而让社会结构产生根本性改变。新媒体在信息服务方面具有十分多的优势，信息的传播和生产的变革也使得文化产业更好发展。在今天，新媒体的发展让各种新的事物出现在大众眼前，越来越丰富的应用软件方便了大众生活，人们可以使用手机等新媒体方式进行交流、学习、工作甚至找到自己的爱好，多元化的功能软件改变了人们的生活，人们也越来越和新媒体进行融合，中国的新媒体市场在全球来说都是最大的。人们可以在新媒体的环境中获取知识、消费购物、娱乐等，同时人们越来越多元化的需求也催生着新媒体产业的不断发展和更新，产业不断升级完善，这样又能起到推动我国信息化和社会化服务平台的建设，更好地服务于大众。新媒体不光在生活和生产方式上影响着人们，还在理念和思想上改变人们。新媒体让我国加快了社会的转型，成为我国各方面发展的重要力量，不断地推动着社会的进步和成长。

二、民族传统体育的新媒体传承创新的必要性和可行性

（一）民族传统体育的新媒体传承创新的必要性

我国一直都很重视体育发展，并且将体育上的成就视为国家的荣誉，这种思想观念一直存在。但实际上，体育的发展不仅能带来荣誉，还能在"文化利益"上带来重要影响。我们都要树立起"体育是国家的文化利益"的思想观念，更加深入地了解体育文化的重要性，要作为国家文化方面的战略目标。在众多的体育项目中，民族传统体育项目具有自己的特色，既具有民族性，有具有传统性，维护和发展好体育文化对于提升我国的文化竞争力具有重要意义。

2011年发布的《我国国民经济和社会发展十二五规划纲要》指出，"构建以优秀民族文化为主体、吸收外来有益文化的对外开放格局，积极开拓国际文化市场，创新文化'走出去'模式，增强中华文化国际竞争力和影响力，提升国家软实力。"从《纲要》中可以看出，文化对于一个国家的重要意义，基于新媒体的发展，我国的优秀文化得以走出国门，走向世界，文化的传播能力得到增强。所以，一定要重视新媒体的发展，因为只有新媒体产业的发展，实力的提高，才能促进文化产业的发展。新媒体产业是一个国家文化实力和传播实力的体现与力量，拥有强大实力的新媒体国家才能在国际竞争中拥有话语权。我国的文化产业发展要求决定了建设和发展传播实力和文化影响力的意义，并且文化影响力和传播力要和国家的综合实力相匹配。我国的民族传统体育的发展存在很多问题，在传承方面、传承的介质和内容等方面都要加以完善。如果这些问题一直存在，那么文化传承将受到严重的挑战，甚至文化会遭到破坏。为了促进文化的传承，就要不断地创新，利用新媒体的功能完善民族传统体育的传承体系，让民族传统体育得到更好的保护和发展。

(二)民族传统体育的新媒体传承创新的可行性

体育文化的民族性可以在各种层面上体现出来,包括体育文化的物质、精神和制度等层面。我国的体育文化在长期的发展过程中深受儒家思想影响,逐渐形成了具有中华民族特色的体育文化。最典型的比如说太极、八卦和武术等中国特有的体育项目就具有鲜明的中华传统儒家思想特点,这些传统体育形式追求艺术性,并不注重科学性,是对儒家文化中强调的文化意境的表现。

由于中国的民族传统体育项目深受儒家思想的影响,所以虽然具有欣赏价值,有鲜明的中国文化的烙印,但在传播上却比较难以被其他文化的群体接受,并且难以进行系统、科学的传承,最终演化出各种变体。中国民族传统体育在传承上十分具有主观性,传统文化的传承方式主要为意会、文字和一些静态的图片,这些方式传承下来的文化信息和内涵在一代一代人民长时间的传播过程中就不可避免地产生偏差或者错误,虽然很多文化在我国通过制度、教育和宗教以及节庆等方式不断传承和上演,但是不可避免地容易发生变异。

新媒体在文化和信息传播方面具有很大的优势。新媒体的信息传播介质包括视频、音频、图片和文字等多种形式,这些信息传播的载体具有动态性和共时性。同时新媒体的应用和传播更加移动化和社会化,这些优势和特征可以让民族传统体育文化在传播的过程中保持样式和内容以及精神上的一致性,最终形成强大的广泛的传播辐射。

事实上,不用说现在的新媒体,传统的媒体形式比如说广播和电视等形式就可以让体育文化的传播保持连贯和一致,比如说早期的全国中小学生广播体操的传播在全国的普及就是典型的例子。新媒体相比传统媒体更加具有保真性。新媒体让民族传统体育的传播更加融合优化,这种融合和优化是各个层面上的体现,包括物质层面、精神层面和制度层面。同时,新媒体不仅具有让民族传统体育的艺术性和科学性更好地融合起来,并且具有让融合在深度和广度上更加持续发展的能力。在这种具有很大优势的新媒体帮助下,民族传统体育所需要传承的内容可以得到优化和更新。另外,借助新媒体的帮助,民族传统体育的传承人在传承和宣传这些传统文化的时候更加感到历史的使命感和社会责任感,并且这种高效、快捷和有利的传媒方式也使得传承人统一文化视野和价值取向,传承人本身也可以得到价值的保障。

在文化产业的发展方面，新媒体具有更加先进更加广泛的传播平台，并且这些传播平台能够带来很好的传播效应，这种优势使得民族传统体育打破产业化和非产业化的隔阂，在空间上和时间上打破限制，基于已经存在的血缘关系、模拟血缘关系以及契约关系形成更加强大和全新的传承体系。在这种传承关系和方式下，才能推动民族传统体育文化不断地创新。

三、新媒体背景下民族传统体育传承和创新的策略

（一）新媒体背景下传承内容选择原则

文化创新的基础是文化传承的内容，新媒体背景下的民族传统体育也是如此，民族传统体育的传承内容的选择决定了创新的方向。在传承的过程中坚持的原则包括正确性、人文性和科学性。

1. 正确性原则

坚持正确的政治导向就是正确性原则。中华优秀传统文化要想得到传承和创新，离不开党领导人民在革命、建设和改革中的革命文化和社会主义先进文化，要将中华优秀传统文化和革命文化与社会主义先进文化相融合，并且在中国特色社会主义的实践中不断创新。要以马克思主义作为指导方针，在不破坏中国文化立场的前提下，考虑到当前的中国现实，依托新媒体技术的不断发展，形成具有强大实力的中国文化体系，面向世界、面向未来，不断促进中国社会主义文化的高效发展，也要做到社会主义物质和精神文明的协调。在不断的创新中发展中华文化，达到百花齐放、百家争鸣的效果。为了实现这一目标，加快建设文化的生产和管理体系，针对文化市场进行整顿和维护，打造现代化文化服务机制，让民族传统体育文化可持续发展。

2. 人文性原则

打造人文体育也就是人文性原则的体现，要以人文精神为核心和宗旨，继承和发展理性、文明和以人为本的体育。民族传统体育文化有各自的形式和特点，在传承和保护的过程中要突出意境感，保护好体育文化的人文精神，不能只为了追求技巧性和难度而忽视体育文化的人文性，要保持其科学性和理性，进行创新使其符合现代文化的人文精神之后再进行传播。

3. 科学性原则

体育文化的发展要坚持符合时代的伦理和科学技术，这就是科学性原则的体现。信息和网络的发展促进了新媒体的发展，因此创新是新媒体的基础，相对于传统媒体，新媒体更加具有网络性和高智能性。传统体育的文化由于我国民族众多而具有多元性，一些传统体育文化因为地域特色十分明显，不太符合现代大众的文化审美和现代伦理，可能不会轻易被大众接受和欣赏。所以发展民族传统体育文化不是要照搬全部文化，而要善于依靠现代的先进技术，选择一些符合现代社会伦理和审美的体育文化去发展。

体育文化在新媒体时代有了很好的保护和发展，无论是在制度、物质和精神等方面都得到了保障。一些传统体育项目的动作和比赛形式等可能并不适合今天社会的发展或者存在隐患，所以为了更好地传承这些体育文化，为了更好地推广改善这些体育运动的类别、动作、裁判员和运动员的规则以及法律法规等，使得这些传统体育运动更加规范，增强安全性和公平性。运动不同设置的规则也就不一样，将规则的内容和体系更加完善是对民族传统体育传承的最好保障，同时也更加促进我国多元化的民族传统体育协调发展，让更多的有特殊性的体育运动也能顺利传承和宣传。民族传统体育的基础设置包括运动的场地、设备和器械等属于促进运动传承的基础条件，因此更要重视起来，认真选择和确认。体育文化的精神要更好地保护起来，因此这些精神是难以被效仿的，是珍贵的精神资源。

（二）新媒体背景下传承民族传统体育的介质

民族传统体育的传承除了新媒体背景下的表现形式十分重要，选择什么样的传播介质也要重视起来。新媒体的发展催生了各种各样的传播介质，每一个传播的介质都有自己的优势和劣势，有自己的特点和功能，这些传播的介质也能带给大众不同的感受。现代市场上比较受欢迎的是各类智能移动终端，比如说手机、移动电视、iPad等，小学生使用的电话手表也在众多的产品中占有一席之地。另外还包括电视、电影显示屏等固定终端等，这些形式都可以帮助传承民族传统体育。新媒体的传播应用也影响着传播的质量，很多使用范围广泛的手机应用软件比如微信、QQ、微博等具有很大的优势，可以即时通讯，另外一些网络游戏也能带来意想不到的收获，这些游戏具有娱乐性，更加吸引玩家投入。所有的这些终端和应用可以做到在有网的前提下不限地点和时间的传播。

(三)新媒体背景下传承方式的选择

民族传统体育的内容选择固然重要,但是也不能忽略选择正确的方式来进行传播。民族传统体育文化十分丰富,选择适合的传播方式才能事半功倍。

最传统和最先想到的方式就是通过互联网支持的体育频道和地方电视台进行体育赛事的传播。另外也可以举办专门的综艺节目或者利用一些高热度的综艺节目吸引更多的观众关注传统体育项目,观众对此会更加抱有兴趣,用这种直观的方式传达传统体育的内容和文化,得到大众的了解和接受。政府相关部门也可以通过鼓励群众对民族传统体育的关注,自发地投入传播宣传民族传统体育文化中来,鼓励民众通过拍摄当地传统体育的方式并发送给专门的媒体平台,由这些平台进行传播,这种传播的方式增加了民众的参与度,也体现了不同民族的体育精神和价值。利用新媒体的实时互动特点,可以开设弹幕或者评论区欢迎广大民众参与,增强交流互动性,激发出更多的创新想法。或者鼓励相关的企业研发一些APP,可以采用游戏的方式增加宣传的趣味性,将游戏和民族传统体育结合,让用户在玩游戏的过程中就已经了解体育项目的起源、发展和特点,并且包括体育运动的动作和技巧,普及体育知识,让更多的人了解这些民族传统体育项目,增加体验感,也让民族传统体育和各种新媒体更好地融合,更多的人加入到民族传统体育的模仿、传播和创新的行列中来。另外,我们也可以拍摄一些以传统民族体育文化为主题的电影或者纪录片,或者通过政府的支持大力发展以民族传统体育文化为主题的旅游节,在节日的当天利用媒体进行直播,既能够带来经济效益,也可以更好地传承民族传统体育文化。

第三节 民族传统体育的规范化建设与未来展望

一、民族传统体育的建设更加现代化、规范化

民族传统体育在现代体育一体化发展的今天遇到了很大的冲击。这些传统的体育发源于农业社会的生活和生产方式,因此很多传统体育的文化和内涵是不符合现代社会理念的,更不要说去对抗现代体育了。但是我们也要明白,只有基于传统的"根"才能更好地发展现代体育,这种"根"是不能拔掉也拔不掉的,它

植根于民族的深处。所以我们不能丢掉这些民族传统体育。为了更好地发展民族传统体育，让其更加年符合现代社会的发展，就会只能将这些传统体育进行现代化的转型以适应社会，对于自身的优秀精华进行保留，再对现代体育的优秀成果进行借鉴，不断地促进其发展，保留自己民族特色的同时也能与时俱进。

（一）立足现实，以"我"为主

民族传统体育在我国的历史悠久，有的甚至有几千年的历史，这些传统体育在我国之所以能够流传很长时间，保留自己的特点和独特性，鲜明的民族特色是其最大的特点。民族传统体育并不是现在已经不再流传而是只记载于文章典籍里的历史内容，而是现在仍然流传于民族地区的传统体育活动，和人们的生活融为一体，包括舞龙、舞狮、武术、摔跤等，这些运动和古籍记载的投壶、蹴鞠等历史上的体育活动是不同的。我们要立足现实，就是立足于现在仍然流传的传统体育活动之上，不要一味地向"后"看，完全复兴民族传统体育的一切思想和形式，不要走复古主义的道路，要走向未来创新的现代化道路，以"我"为主，依靠全体的公民来促进民族传统体育的现代化建设。

（二）吸收传统体育精华，借鉴现代体育成果

民族传统体育是在古老农业文明的基础上发展而来的，因此必然带着农业文明的痕迹，既存在精华也存在糟粕。要对民族传统体育进行创新就要对其精华和糟粕进行分类区别对待，对于传统体育文化中符合现代社会发展规律，内涵和文化优秀的精华部分要进行合理吸收，对于传统体育文化中落后的、不符合现代社会发展规律的，甚至和社会主义现代文明相悖的部分要坚决摒弃。现代社会，奥林匹克精神所追求的是体育运动和文化教育的融合，让运动员在运动中和比赛中能够求得快乐，能够尊重基本功能，这些思想内涵和现代体育的发展有距离，现代体育越来越商业化和职业化，但是现代体育之所以能够发展至今，有着自身不可替代的优势，那就是它所体现的价值中包含奋发的精神和竞争与合作的精神都是现代社会不可缺少的，并且，现代体育的发展已经十分完善，各类组织制度和规则等都比较体现公平性，这些都是民族传统体育所要学习和借鉴的。民族传统体育要实现创新发展，就要在保留自己民族特色的基础上，吸收借鉴现代体育的优秀部分，以现代体育科学理论和方法为基础进行创造，学习现代体育的组织和

制度内容完善和保障自己，发挥出现代体育奋发和竞争的核心精神，尽快地完成转型。

（三）面向世界，面向未来

民族传统体育的生长环境比较封闭，并且当时的社会生产力比较低，受自然环境的影响比较大，体育的发展有其落后性。社会水平发展至今，已经不再受到自然环境的影响了，并且由于交通、通讯等条件得到改善，同时受到全球信息互联网的影响，信息可以在全球每个角落都能得到传播，每个国家联系更加紧密，这使得民族传统体育更加容易被发现和保护，并且能够在现代社会得到不断的创新和发展。

虽然现代体育发展的主要势力就是西方体育，但是西方体育本身也有其缺陷性，不是世界体育发展的理想模式，民族传统体育向现代化发展就要向未来看齐。民族传统体育面向未来就要以自己的民族特色为基础，吸收保留自己的精华部分，学习和借鉴现代体育的优秀部分，立足于时代，对于民族传统体育本身的不足和现代体育的缺点进行反思和批判，不断地向未来发展，基于已经取得的成果，致力于打造适合全世界发展的新型体育文化体系。

二、民族传统体育的活力将进一步加强

民族传统体育本身具有极大的优势。首先它的内容十分丰富，种类多样，并且这些体育项目能够起到很好的强身健体效果，形式也十分新颖有趣，受到了国民的喜爱。另外，民族传统体育有着广泛的群众基础，并且本身的发展前景也十分好，传统体育受到年龄、性别、气候、场地等限制少，并且本身的运动成本也不高，非常适宜成为国民参与的全民性体育运动。并且随着社会的发展和健康思想和意识的增强，更多的民众意识到体育运动的重要性，再加上国家为促进国民健康而推行的"全民健身计划"，更加有助于促进民族传统体育在我国的普及，无论是在城市中的街道或者社区，农村中的乡镇还是院落，随处可以见到民族传统体育的身影。人们不光通过民族传统体育项目增强了体质，收获了健康的身体，也通过运动得到精神上的满足和愉悦，同时也通过这种特殊的体育模式拉近了人与人之间的距离，促进了人际交往。民族传统文化形成的基础是民族意识的精神和情绪的价值认同，这种精神和认同也让人们相聚在一起，更好地传承这种文化。

三、民族传统体育进入各级各类学校，丰富和拓展学校体育教学内容

民族传统体育项目和西方的经济体育相比更加具有优势，其本身的运动内涵更加深刻。民族传统体育虽然也追求体育技能上的提高，但是和西方经济体育相比，它的体验感更强，愉悦感也更强，人们通过这种运动能够带来舒畅的心情。民族传统体育在形式上和内容上不像西方体育那么刻板，它的随意性更强，人们可以根据自身的需求和身体状况选择不同大小的运动量，并且可以根据情况随意改造，更是适应个人的运动选择。这种随意性不受到技术的制约，也让人快速爱上这种运动，比较容易形成运动习惯，能够真正达到强身健体的效果。基于这种特点，民族传统体育可以被用来作为学校的体育教育。学校是文化形成和传播的重要地点，不同的文化从学校以最原始的形态逐渐变得规范、科学以及普及。民族传统体育进入校园在丰富学校体育教学内容的基础上，补充学校体育的发展，同时学生也更加容易接受这种体育运动形式，也更容易感兴趣，让学生养成体育运动的好习惯，树立起终身体育意识，增强我国学生的身体素质。民族传统体育的功能分为本质功能和衍生非本质功能，这些教育、健身、养身和娱乐等功能能够起到促进学生身心健康发展的作用。

四、民族传统体育呈现出与世界体育文化相互融合的发展趋势

我国的文化丰富多样，文化资源相互交融发展，是一个名副其实的资源大国，凭借三千多年的文明历史沉淀下无数的宝贵文化资源，这使得我国在世界上的文化竞争上占据很大优势。由于受到国力以及思想观念等多方面的影响，我国在过去并没有认识到民族传统体育的真正力量，受到固有观念以及价值观和行为习惯的制约，我国虽然也认识到民族优秀传统文化的宝贵，但是这种认识只让我们做到保护和继承中华民族优秀传统文化，并没有认识到传统文化资源创新和发展的必要性，造成的结果就是虽然我们是一个拥有丰厚文化资源的大国，但是文化产业的发展却十分落后。但是这种局面随着我国的经济发展和经济全球化和政治多极化的影响而改变，我国积极加入世界贸易组织，积极寻求举办奥运会，使我国的民族传统体育已经打破原来封闭的发展模式，开始向世界打开，和世界文化融合，这也是时代发展的必然结果。我国在与世界文化的交流中不断创新发展融合自己的民族传统体育文化，逐渐被世界接受，促进了东西方文化的沟通。

五、民族传统体育将向着生态体育旅游和产业化的道路发展

我国的民族众多，每个民族都有自己独特的发展历史，这也就造成了独特的民族地方特色，出现了各种丰富多彩的民俗；民族传统体育的项目也繁多，比如说赛马、赛骆驼、跳竹竿、摔跤、霸王鞭等，这些多样的体育项目十分具有民族特色，并且其本身的观赏性和参与性都十分高，所以很适合开发成体育旅游资源。这些传统体育项目相比现代经济体育多了娱乐性和表演性，是十分宝贵的文化资源。现代社会人们的生活水平不断提高，更多地开始追求精神和生活享受，人们开始将更多的余暇时间放在旅游度假上，这也就促进了假日经济消费的增长，在这么多的旅游项目中，民族传统体育文化旅游资源更加吸引游客的兴趣，这在发展民族传统体育文化的同时也拉动了旅游产业的发展，促进了经济的增长。

参考文献

[1] 王红志，胡小勇，张海斌.贵州少数民族传统体育旅游产业发展的SWOT分析[J].辽宁体育科技，2022，44（02）：97-102，112.

[2] 串凯，袁金宝.民族传统体育文化建设的理论自觉与实践路径[J].西安体育学院学报，2021，38（06）：719-727.

[3] 侯志涛，周宇轩，韦晓康.民族传统体育文化传承场域变迁和实践选择[J].体育文化导刊，2021（10）：51-57.

[4] 陈建峰，殷怀刚.中华民族传统体育文化的传承困境、陷落归因与发展策略[J].广州体育学院学报，2021，41（02）：77-80，103.

[5] 相金星，郭振华.体教融合理念下民族传统体育校园传承研究[J].体育文化导刊，2021（03）：104-110.

[6] 金宁，张铁明.新时代民族传统体育文化共同体建构路径研究[J].北方民族大学学报，2021（02）：164-169.

[7] 陈家明，蒋彬.少数民族传统体育融入乡村振兴路径研究——以川西北地区为例[J].云南民族大学学报（哲学社会科学版），2020，37（04）：62-68.

[8] 蔡兴林，李佩明.新时代中华民族传统体育文化传承理论与创新路径研究[J].北京体育大学学报，2020，43（05）：23-29.

[9] 彭响，刘如，张继生.民族传统体育铸牢中华民族共同体意识研究[J].武汉体育学院学报，2020，54（02）：59-64.

[10] 韩衍金.中华民族传统体育文化"走出去"的核心要素与策略[J].体育文化导刊，2020（03）：67-72.

[11] 陶恩海，程传银.民族传统体育现代化传承的内涵、现状及发展路径[J].体育文化导刊，2020（01）：54-60.

[12] 邱丕相，杨建营，王震.民族传统体育学科发展回顾与思考[J].上海体育学院学报，2020，44（01）：12-20.

[13] 王智慧.文脉赓续与民族复兴：民族传统体育文化自信的生成机制[J].北京

体育大学学报，2019，42（09）：148-156.

[14] 吴艳红，王广虎. 文化视域下的民族传统体育发展 [J]. 成都体育学院学报，2019，45（05）：58-63.

[15] 刘合智. 民族传统体育文化主体失位的思考 [J]. 成都体育学院学报，2019，45（04）：54-59.

[16] 王兰，韩衍金. 精准扶贫视阈下少数民族传统体育价值及发展愿景 [J]. 北京体育大学学报，2019，42（05）：120-129.

[17] 李翠含，吕韶钧. 生命教育与民族命运共同体建构——以广西少数民族传统体育为例 [J]. 体育学刊，2019，26（03）：19-24.

[18] 戴庆辉，倪依克. 民族传统体育非物质文化遗产传承人的价值提升 [J]. 西安体育学院学报，2019，36（02）：195-201.

[19] 白晋湘. 中国民族传统体育文化建设的使命与担当 [J]. 体育学研究，2019，2（01）：1-6.

[20] 王智慧. 民族传统体育文化自信何以成为可能？——基于文化自信生成理论基础与实践逻辑的分析 [J]. 体育与科学，2019，40（01）：28-38.

[21] 王晓芳，刘江宏，辜山. 民族传统体育文化活态传承的本质与路径 [J]. 体育文化导刊，2019（01）：39-42，70.

[22] 王广虎，冉学东. 论中华民族伟大复兴中的民族传统体育发展 [J]. 北京体育大学学报，2018，41（12）：1-12，18.

[23] 韩文娜，何劲鹏. 民族传统体育文化的功能取向变迁与现实选择 [J]. 体育文化导刊，2018（10）：15-20.

[24] 孙晨晨，邓星华，宋宗佩. 全球化与民族化：中国民族传统体育的文化认同 [J]. 体育学刊，2018，25（05）：30-34.

[25] 妥培兴."一带一路"战略下民族传统体育跨文化传播的价值、困境及其消解 [J]. 南京体育学院学报（社会科学版），2017，31（01）：13-17.

[26] 常毅臣，陈青，张建华，等. 民族传统体育文化延伸的价值取向与路径选择 [J]. 武汉体育学院学报，2017，51（01）：60-66.

[27] 卢高峰，王岗. 民族传统体育的发展：现状问题机遇对策 [J]. 北京体育大学学报，2015，38（04）：52-57.

[28] 鲁平俊，丁先琼，白晋湘.民族传统体育非物质文化遗产濒危状态评价的实证研究[J].体育科学，2014，34（11）：16-26.

[29] 辛锡灿.民族文化生态村模式下少数民族传统体育发展的SWOT分析和策略研究[D].昆明：云南师范大学，2014.

[30] 张建华，常毅臣，芦平生.中华民族传统体育文化研究：价值、进展与走向[J].中国体育科技，2013，49（03）：133-139.